SEIS GRANDES ESCRITORES RUSSOS
PÚCHKIN, TURGUÊNIEV, GÓGOL, DOSTOIÉVSKI, TOLSTÓI E TCHEKHOV

Conheça nossos clubes

Conheça nosso site

- @editoraquadrante
- @editoraquadrante
- @quadranteeditora
- Quadrante

Título original
Seis grandes escritores rusos

Copyright © Ediciones Rialp, S.A. Madrid, 2022

Capa
Gabriela Haeitmann

Dados Internacionais de Catalogação na Publicação (CIP)

Fazio, Mariano
Seis grandes escritores russos / Mariano Fazio – 1ª ed.
– São Paulo: Quadrante Editora, 2024.

ISBN: 978-85-7465-619-9

1. Arte 2. Contemplação 3. Estética 4. Filosofia 5. Literatura russa I. Título

CDD–100

Índices para catálogo sistemático:
1. Filosofia 100

Todos os direitos reservados a
QUADRANTE EDITORA
Rua Bernardo da Veiga, 47 - Tel.: 3873-2270
CEP 01252-020 - São Paulo - SP
www.quadrante.com.br / atendimento@quadrante.com.br

MARIANO FAZIO

SEIS GRANDES ESCRITORES RUSSOS

PÚCHKIN, TURGUÊNIEV, GÓGOL, DOSTOIÉVSKI, TOLSTÓI E TCHEKHOV

Tradução
Juliana Mota

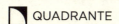

Sumário

Introdução 7

1.
Em busca da alma russa 13

2.
Aleksandr Púchkin: a literatura começa a falar russo (1799-1837) 33

3.
Nikolai Gógol: um pregador incompreendido (1809-1852) 45

4.
Ivan Turguêniev: um russo para o Ocidente (1818-1883) 63

5.
Fiódor Dostoiévski: a consciência atormentada (1821-1881) 87

6.
Lev Tolstói: a vida infinita (1828-1910) 137

7.
Anton Tchekhov: o sorriso triste (1860-1904) 195

Epílogo 215

Bibliografia citada 219

Introdução

> O frio é a ausência de calor. A escuridão é a ausência de luz, o mal é a ausência do bem. Por que as pessoas amam o calor, a luz e o bem? Porque são naturais. A origem do calor, da luz e do bem é o sol, Deus. Não há um sol que vem do frio e da escuridão, assim como não há um Deus mau.
>
> L. Tolstói, *História da jornada de ontem*

Rússia antes da revolução. Ao som dessas palavras, nossa imaginação voa até Moscou: a Praça Vermelha, o Kremlin, a Catedral de São Basílio, as cúpulas em forma de cebola. Também podemos sonhar com São Petersburgo: as margens geladas do Báltico, a Avenida Nevsky, o Hermitage. Entre as duas cidades, a estepe interminável, coberta de neve no inverno, marcada pelos sulcos das *troikas*[1] ou dos trenós puxados a cavalo, que transportam viajantes abrigados com peles. Não faltam imagens dos servos da gleba, que trabalham arduamente na terra e gastam seus parcos rendimentos em vodca e mulheres resignadas, cobertas com um lenço na cabeça. Também surgem em nossa memória os tsares da família Romanov e os sacerdotes de longas barbas com incensários e vestes litúrgicas douradas.

---

1 Tradicional carruagem russa puxada por três cavalos com diferentes andaduras. [N. T.]

Há lugar para os cossacos e os tártaros. Em meio a esses edifícios, paisagens e personagens, provavelmente veremos Gógol, Dostoiévski ou Tolstói passeando. E, como música de fundo, ouviremos as melodias de Tchaikovski, Rimsky-Korsakov ou Mussorgsky.

Embora a Rússia tenha sido, durante muito tempo, uma terra periférica do Ocidente, ela nos é familiar, dentre outros motivos — e esse não é o menos importante —, graças à literatura do século XIX. É admirável o acúmulo de grandes nomes em um período relativamente curto. Toda seleção de representantes de uma corrente cultural sempre apresenta um certo grau de subjetividade. Neste livro de introdução aos clássicos russos, consideramos imprescindíveis seis nomes: Aleksandr Púchkin (1799-1837), Nikolai Gógol (1809-1852), Ivan Turguêniev (1818-1883), Fiódor Dostoiévski (1821-1881), Lev Tolstói (1828--1910) e Anton Tchekhov (1860-1904). A crítica literária tem oscilado entre Dostoiévski e Tolstói para estabelecer a primazia das letras russas. Em meados do século passado, Tchekhov foi muito aclamado, a ponto de ser considerado, ao lado de Jorge Luis Borges, um dos melhores narradores de contos da literatura ocidental.[2] Já os próprios russos consideram Púchkin o precursor, pai e figura inspiradora do século de ouro de sua literatura. Nas décadas

---

2 Cf. Harold Bloom, *Como e por que ler*, Rio de Janeiro, Objetiva, 2001.

centrais do século XIX, Turguêniev foi o escritor com mais fama.

A literatura russa tem características próprias: suas histórias normalmente se passam no vasto império do tsar; predomina uma análise crítica da situação social, política e econômica; os autores costumam ser muito descritivos tanto em relação às paisagens quanto aos costumes da cidade e do campo; sobressaem os minuciosos detalhes psicológicos dos personagens.

Todos esses elementos estarão presentes, com maior ou menor ênfase, nas grandes obras de sua literatura, mas o que nos encanta é a busca pelo eu nacional: "O tema comum de todas essas histórias é a Rússia: sua personalidade, sua história, seus costumes, suas tradições, sua essência espiritual e seu destino. De uma maneira extraordinária, talvez única, a energia artística do país voltou-se quase por inteiro à tentativa de captar o conceito de sua nacionalidade. Em nenhum outro lugar do mundo o artista sofreu tanto o peso da liderança moral e da profecia nacional, nem foi tão temido e perseguido pelo Estado. Isolados da Rússia oficial pelos políticos e da Rússia camponesa pela educação, os artistas russos dedicaram-se a criar uma comunidade nacional de valores e ideias por meio da literatura e da arte. O que significava ser russo? Qual era o lugar e a missão da Rússia no mundo? E onde estava a verdadeira Rússia? Na Europa ou na Ásia? Em São

Petersburgo ou em Moscou? [...]. Essas eram as perguntas malditas que ocuparam a mente de todos os escritores, críticos literários, historiadores, pintores, compositores, teólogos e filósofos da era de ouro da cultura russa, desde Púchkin até Pasternak".[3]

As respostas dadas por nossos autores a essas perguntas não coincidem: durante o século XIX, é evidente a existência de uma pluralidade de visões sobre a Rússia e o seu destino. Aqui, no entanto, o que nos interessa é destacar que esses escritores, totalmente imbuídos de suas circunstâncias, e muito diferentes em termos de características e posições políticas, culturais e religiosas, escreveram páginas que transcendem o espaço e o tempo para falar da humanidade. Por isso são clássicos: profundamente russos, se abrem para o universal. Nesse ponto, é interessante recordar o que escreveu Chesterton em um ensaio sobre Dickens: "Tal como eu concebo, o escritor imortal é aquele que realiza algo universal de uma forma particular. Quero dizer que ele apresenta o que possa interessar a todas as pessoas a partir da característica de uma só ou de um só país".[4]

Este livro é o resultado de muitos anos de paciente leitura dos clássicos russos. Convivemos com dezenas de personagens: "Jovens atormentados por uma ideia, modestos funcionários públicos

---

[3] Orlando Figes, *El baile de Natasha*, Barcelona, Edhasa, 2010, pp. 27-28.
[4] G. K. Chesterton, *Dickens*. Buenos Aires, Ediciones Argentinas Cóndor, 1930, p. 366.

humilhados pela vida, nobres macerados na consciência de sua própria superficialidade, proprietários patriarcais apaixonados por suas terras, niilistas vítimas de paixões avassaladoras, mulheres decadentes, porém nobres, amantes apaixonados, mães zelosas, querubins que descem do céu [...]".[5]

Como bem disse Ghini — e essa também foi minha experiência —, "cada um desses personagens nos arrasta para sua história, sequestrando-nos por centenas de páginas, libertando-nos somente nas últimas linhas de um romance que gostaríamos que nunca terminasse, enquanto o devorávamos para saber, o quanto antes, como termina. Com esses personagens amamos, odiamos, refletimos, nos juntamos ao seu bando e brigamos."[6]

Nas próximas páginas, depois de um panorama da história e da cultura russas, que servirá de contexto, vamos apresentar cada um desses autores. Em primeiro lugar, faremos um breve apanhado pela vida e obra do escritor, depois, selecionaremos alguns textos que nos parecem significativos para o leitor do século XXI.

O século XIX russo — assim como o século XVII espanhol ou o XIX inglês — faz parte desses períodos da história da cultura que, mais do que *chronos*, são *kairós*, ou seja, mais do que tempo meramente

---

[5] Giuseppe Ghini, *Anime russe. Turgenev, Tolstoj, Dostoevskj. L'uomo nell'uomo*, Milão, Ares, 2015, p. 7.
[6] *Ibidem*.

cronológico são uma condensação do tempo espiritual.[7] Aproveitemos essa riqueza que não tem uma pátria nem uma época exclusiva: pertence a todos e é para todos os tempos. Seus valores são eternos, porque, como diria Tolstói, são naturais.

Buenos Aires, Roma, 2016

---

7   Cf. Ettore Lo Gatto, *La literatura rusa moderna*, Buenos Aires, Losada, 1972; Dmitrij P. Mirskij, D. S., *Storia della letteratura russa*, Milão, Garzanti, 1965.

1.
Em busca da alma russa

O imenso território russo, com grandes proporções no século XVIII e nas primeiras décadas do século seguinte pela política expansionista dos tsares, estendia-se, no fim do século XIX, do Báltico ao Pacífico, e do Mar Negro até o Ártico. Dividida pelos Montes Urais, a Rússia se apresentava como europeia e asiática ao mesmo tempo. Vista com olhos ocidentais, era uma nação exótica e, para muitos, incompreensível.

Estabelecer a identidade nacional russa sempre foi um desafio. O império do tsar começa a exercer um papel importante na Europa com o triunfo do exército russo sobre os suecos no início do século XVIII. Reina Pedro I, da família Romanov, ao qual depois se acrescentará o adjetivo Grande.[1] Será ele que, em 1703, dará início à construção de São Petersburgo, nas margens do Báltico, onde desembocam as águas do Neva. A nova cidade era um projeto grandioso e pessoal, com o qual Pedro pretendia romper com uma tradição cultural considerada atávica e retrógrada: a nova capital se abria para o mundo ocidental como demonstração de que também os russos eram europeus, estavam abertos

---
1 Para entender a personalidade do tsar e a sua política de reforma, é útil a leitura de Robert K. Massie, *Pedro I el Grande*, Madri, Alianza, 1987.

ao progresso e apreciavam as belas artes. São Petersburgo se erige com moldes urbanísticos e estilísticos italianos, franceses e alemães. Assim como a nova cidade, a literatura, a música e a pintura russas do século XVIII careciam de originalidade e buscavam modelos de inspiração no exterior.

O contraste entre essa cidade e Moscou é enorme. São Petersburgo, edificada sobre um terreno pantanoso, é construída em uma velocidade impressionante. Cinquenta anos depois de sua fundação, exibe uma imagem de grandiosidade e luxo que impressiona os viajantes ocidentais, mas também mostra algo de artificial em seu desenho e concepção. Centenas de milhares de servos construíram palácios, abriram avenidas, desmataram florestas e prepararam parques e jardins. Nesse ambiente de esplendor, o tsar vive rodeado de nobres, que graças à disposição de Pedro, *o Grande*, e de seus sucessores, foram ocidentalizando os costumes. O francês substituía muitas vezes o russo na fala cotidiana da elite, e as famílias mais endinheiradas superavam em luxo e comodidades suas congêneres de Alemanha, França ou Inglaterra.

Moscou, ao contrário, conservava traços medievais. As construções eram, em grande parte, de madeira. A Igreja ortodoxa estava onipresente, com suas várias catedrais, mosteiros e igrejas. Pouco a pouco, foi se modernizando, principalmente depois do incêndio de 1812: aproveitou-se a destruição de grande parte da cidade para abrir amplas avenidas e construir palácios no estilo europeu. Apesar disso, a cidade nunca perdeu o "ar" russo. A situação de São Petersburgo era bem diferente, "a cidade mais abstrata e meditativa de todo o globo terrestre"[2], como definiu Dostoiévski em suas *Memórias do subsolo*. Em Moscou, a vida social era intensa. Os restaurantes estavam repletos, nos mercados pululavam todo tipo de personagens que buscavam a vida das mais diferentes formas. Não era assim na nova capital, que seguia o ritmo da corte, onde tudo estava planificado e organizado: um ambiente frio que tão bem transmite Gógol em seus *Contos de São Petersburgo*.

Quem encarna a identidade russa, Moscou ou São Petersburgo? A Rússia deve olhar para o Ocidente ou deve afirmar as tradições próprias de suas humildes origens em torno do Ducado de Moscou, um mundo majoritariamente rural, austero, permeado de uma religiosidade mística? Durante o século XIX, buscou-se uma resposta para essas perguntas. As duas principais posições, não definidas em definitivo, foram a dos ocidentalistas e a dos eslavófilos.

Os ocidentalistas sustentavam que a Rússia deveria caminhar em direção ao progresso, incorporando formas de vida e de pensamentos ocidentais, e entre a nova e a antiga capital, optavam pela

---

2   Fiódor Dostoiévski, *Memórias do subsolo*, São Paulo, Editora 34, 2000, p. 18. [N. T.]

primeira, por tudo o que ela representava de abertura, cosmopolitismo e visão de futuro. Entre os ocidentalistas, destacavam-se as ideias filo-romanas de Pëtr Caadaev,[3] as posições estéticas do crítico Vissariôn Bielínski e toda a teoria política, social e econômica de Alexandr Herzen, que vivia em Londres, onde dirigia o jornal *Campainha*, instrumento de propagação de suas ideias renovadoras e socialistas.

Os eslavófilos, por sua vez, tendiam a destacar a especificidade da cultura russa tradicional e, às vezes, sua superioridade em relação à ocidental. Segundo o principal representante desse movimento, Aleksei Khomiakov, o espírito eslavo era essencialmente religioso. Liberdade e amor se identificam com a alma de Cristo, e os cristãos ortodoxos deveriam fazer prevalecer esse sentimento na vida social. Esse intelectual desenvolveu o conceito de *sobornost* (conciliarismo) como a característica mais específica da alma russa: contra o individualismo ocidental, a ortodoxia apresenta uma visão comunitária, em que o tsar, guardião da fé ortodoxa, cumpre sua função de ser a unidade na multiplicidade.

---

3   Caadaev faz uma crítica ao passado russo: a razão de seu atraso está no secular isolamento. O futuro russo passa pela união com o Ocidente e com o cristianismo romano, que soube extrair consequências sociais do Evangelho. A Igreja Ortodoxa Russa tem uma grande espiritualidade, mas não liberou os servos da gleba. Segundo Caadaev, a história se move por ideias morais e religiosas. A Rússia tem uma vasta tradição religiosa, que deve se transformar em uma força social de mudança e renovação. Cf. Gino Piovesana, *Storia del pensiero filosofico ruso*. Cinisello Balsamo: Paoline, 1992, pp. 96-105.

Com Khomiakov, contra o qual teve polêmicas inflamadas, o outro pai da corrente eslavófila é Ivan Kireesvsky, que considerava a Rússia a única nação que preservou o verdadeiro cristianismo, ou seja, a ortodoxia. O Ocidente desenvolveu um racionalismo formal, enquanto a fé ortodoxa abriu caminho para um conhecimento integral, que encontra na verdade religiosa o seu centro especulativo.

Nos anos 1960 e 1970 do século XIX, dá-se a passagem do movimento eslavófilo para o pan-eslavismo. A diferença está em que o primeiro não tinha um caráter expansionista, enquanto o segundo, que teve origem na Europa Central, só ganhou força na Rússia depois da Guerra da Crimeia (1853-1856). Em alguns círculos nacionalistas, a derrota bélica despertou a consciência do destino russo de proteger os seus irmãos eslavos que se encontravam sob o jugo do Império Otomano. O grande profeta do pan-eslavismo russo foi, principalmente, Nikolai Danilevsky. Segundo o autor de *Rússia e Europa*, havia uma incompatibilidade entre a civilização eslava e a germânico-latina. A superioridade intelectual e religiosa dos eslavos impunha uma luta contra o Ocidente conduzida pelo povo eslavo, sobretudo os russos. Danilevsky considera que o cristianismo ocidental — principalmente a Igreja Católica — distorceu a verdade cristã devido à sua aliança com o poder político. Isso provocou uma luta contra a Igreja, defensora da escolástica obscurantista, que teve como consequência três anarquias: a anarquia religiosa, ou seja, o protestantismo; a anarquia filosófica, que conduziu ao materialismo cético; e a anarquia sociopolítica, que se manifestava no crescente democratismo político e no feudalismo econômico. A Rússia deveria libertar os seus irmãos eslavos dessas anarquias e impor a ortodoxia, que traz consigo as instituições e as tradições russas[4].

Depois dessa breve apresentação das duas correntes clássicas, é preciso advertir que a maioria dos intelectuais colocava-se no meio do caminho entre os ocidentalistas e os eslavófilos. Admitindo a necessidade de reformas, eles apreciavam as tradições e os costumes russos. Um ponto crucial contribuiu para essa posição moderada: em 1812, Napoleão é derrotado pelo exército do tsar, e o imperador precisa deixar Moscou com o rabo entre as pernas. É a epopeia descrita em *Guerra e paz* de Tolstói. A autoestima nacional recobra vigor, e, embora jamais se deixe de pensar na Rússia como parte da Europa, dirige o olhar para as tradições e as peculiaridades do povo. Os servos demonstram um profundo patriotismo, e muitos nobres revalorizam o papel do povo na construção de uma comunidade nacional que começava uma nova etapa depois da vitória de 1812. A partir desse ano, se reforça o uso

---

[4] Cf. Bohdan Chudoba, *Rusia y el Oriente de Europa*, Madri, Rialp, 1980, pp. 159-205. Para as teorias políticas de eslavófilos e pan-eslavistas cf. Piovesana, *op. cit.*, p. 106-34 e 213-40. Cf. também Laura Satta Boschian, *Ottocento russo: geni, diavoli e profeti*, Roma, Studium, 1996.

do russo na aristocracia — em uma paulatina substituição do francês —, as vestimentas tradicionais se popularizam, e a *haute cuisine* francesa é substituída pelos substanciosos pratos locais: sopa de couve ou de beterraba, *aspics* de peixe ou de carne, licores de cereja, escabeche de cogumelos etc.

Alguns membros da aristocracia sonham com reformas a favor dos servos. Serão eles os líderes da revolta de dezembro de 1825 — a dos chamados dezembristas —, que termina em sangue em decorrência do autoritarismo de Nicolau I, recém-entronado depois da renúncia de seu irmão Constantino. Eles pretendiam uma monarquia constitucional e a abolição da servidão. Embora, como acabamos de dizer, esses nobres tenham tomado consciência da sua identidade russa, não deixaram de professar ideias liberais e acreditavam que a adoção de certas reformas sociais inspiradas nas instituições europeias contribuiria para o progresso da Rússia. O príncipe Serguei Volkónski, um dos nobres dezembristas, escreveu que regressar à Rússia depois de ter estado em Londres e Paris "era como regressar a um passado pré-histórico".[5]

Se os dezembristas reuniam ideias tanto dos ocidentalistas quanto dos eslavófilos, algo semelhante pode ser dito sobre os populistas. Esse foi um movimento social que se desenvolveu na segunda metade

---

5   Figes, *op. cit.*, p. 130.

do século e implicou uma "marcha para o povo". Muitos filhos de aristocratas e estudantes universitários vão para o campo para trabalhar lado a lado com os camponeses. Eles querem se identificar com o povo para redimi-lo de sua pobreza e ignorância. A alma russa reside nas comunidades rurais, que deveriam ser ajudadas a se libertar da superstição e da opressão política, mas respeitando seu modo de vida, que incorpora a quintessência do ser russo. As missões dos estudantes universitários que disseminam ideias socialistas e materialistas nas comunidades rurais e a rejeição dos camponeses a essas novas ideias são um processo ao mesmo tempo divertido e doloroso: a *intelligentsia* havia mitificado o mundo dos *mujiks* — os camponeses —, que consideravam as novidades políticas e religiosas heréticas e desleais à obediência devida ao tsar. Bazárov, o protagonista do romance *Pais e filhos*, de Turguêniev, personifica muito bem o intelectual petulante que não é compreendido pelos simples camponeses, que o consideram um palhaço. Quando Liévin, em *Anna Kariênina*, pergunta a um camponês o que ele acha da guerra nos Bálcãs, ele simplesmente responde: "Opinar? Isso não é da nossa conta. Nosso tsar Alexander Nikolaevich sabe melhor do que nós o que deve fazer".

No vasto cenário cultural da Rússia, também há espaço para a reivindicação do passado tártaro e para a revalorização do espaço asiático conquistado a partir do século XVIII. Muitas das famílias mais tradicionais da Rússia tinham sobrenomes de origem mongol, tártara ou turca, pois, apesar dos contínuos confrontos militares, houve também processos de simbiose cultural, casamentos e assentamentos dos povos derrotados no que se tornou o território russo. O Cáucaso ocupou um lugar importante no imaginário dos escritores do século XIX, como uma espécie de Éden, de natureza intocada e selvagem, com tons próprios de Rousseau. Púchkin, Gógol e Tolstói oferecem uma visão romântica dessa terra ainda envolta em uma aura de mistério para a maioria da população europeia.

Europeus ou asiáticos? Herzen dizia que Nicolau I era um "Gengis Khan com um telégrafo". Ele não foi o único a atribuir o despotismo do regime político do tsar à influência asiática. Os europeus viam os russos como um povo selvagem, de características orientais. Dostoiévski, em um dos artigos de seu *Diário de um escritor*, escreveu:

> A Rússia não está apenas na Europa, mas também na Ásia [...]. Devemos abandonar nossos temores servis de que a Europa nos chame de bárbaros e asiáticos e proclamar que somos mais asiáticos do que europeus [...]. Essa visão equivocada de nós mesmos como exclusivamente europeus e não asiáticos (embora nunca tenhamos deixado de ser asiáticos) [...] nos custou muito caro nesses últimos dois séculos e pagamos por isso com a perda de nossa independência espiritual [...]. É difícil desviar o olhar de

nossa janela para a Europa, mas o que está em jogo é o nosso destino [...]. Quando nos voltemos para a Ásia e a vejamos de uma nova maneira, é provável que aconteça algo semelhante ao que aconteceu na Europa quando a América foi descoberta. Pois, na realidade, para nós, a Ásia é a mesma América que ainda não descobrimos. Com nosso impulso em direção à Ásia, nosso espírito e nossa força ressurgirão [...]. Na Europa, éramos parasitas e escravos, na Ásia seremos os senhores. Na Europa, éramos tártaros, na Ásia poderemos ser europeus. Nossa missão, nossa missão civilizatória na Ásia, encorajará nosso ânimo e nos impulsionará; só precisamos dar início a esse movimento.[6]

Foram muitos os debates sobre a alma russa e as características próprias de uma identidade nacional. Uma nação é uma realidade espiritual, muito difícil de definir. Mas é bom tentar, pelo menos, vislumbrar os elementos definidores de sua identidade, ainda que nunca se chegue a uma resposta definitiva. O debate russo do século XIX é muito atual nos dias hoje, quando o Ocidente não sabe como reagir — porque não sabe quem é, pois perdeu a memória de suas raízes[7] — diante das ameaças de outras culturas que, sim, têm uma força identitária definida.

* * *

---

6   Fiódor Dostoiévski, *Diario de un escritor*, citado por Figes, *op. cit.*, p. 501.
7   Cf. Joseph Ratzinger; Marcello Pera, *Senza radici*, Milão, Mondadori, 2000.

Tanto os ocidentalistas quanto os eslavófilos, os pan-eslavistas, os dezembristas e os populistas enfrentaram o regime tsarista, que censurava as ideias políticas ou sociais que não coincidissem com a autocracia. A literatura foi um caminho para desenvolver uma visão crítica e propor mudanças, embora sempre com a prudência exigida pelo regime político. Durante o século XIX, governaram cinco tsares: Alexandre I (1801-1825), com traços místicos; Nicolau I (1825-1855), autoritário e antiliberal; Alexandre II (1855-1881), que inaugurou uma era de reformas e foi assassinado em 1881 por um grupo de anarquistas, sucedido por Alexandre III (1881-1894), de ideias reacionárias e tendência conservadora. O último dos tsares foi Nicolau II (1894-1917), que, derrotado na guerra russo-japonesa e incapaz de lidar com a explosiva situação social dos primeiros anos do século XX, assistiu impotente à Revolução de Outubro. Ele foi fuzilado junto com toda a sua família em Ecaterimburgo, em 1918, pelos revolucionários. Sua morte trágica pôs fim à dinastia Romanov.[8]

Nesse longo século, houve marcos históricos inevitáveis, que estarão presentes nas grandes obras da literatura russa. A alguns, já fizemos referência: a vitória russa sobre Napoleão em 1812; a rebelião reformista e liberal dos dezembristas em 1825; a

---

[8] Sobre o último dos tsares, cf. Robert K. Massie, *Nicolás y Alejandra: el amor y la muerte en la Rusia imperial*, Barcelona, Ediciones B, 2004.

Guerra da Crimeia entre 1853 e 1856, na qual a Rússia foi derrotada pelas forças anglo-francesas. Em 1861, os servos foram libertados e, em 1864, foi feita uma ampla reforma administrativa. A vitoriosa guerra contra o Império Otomano (1877-1878) despertou o senso pan-eslavista de alguns intelectuais. Em 1905, a Rússia foi derrotada pelo Império Japonês. Teve início um período de reformas liberais, cujo fracasso levaria à Revolução Russa de 1917, profetizada por Dostoiévski e vislumbrada por Tolstói, que morreu em 1910.

* * *

De um ponto de vista sociológico, a nobreza, o clero e a classe camponesa eram os componentes da sociedade do século XIX. À frente do vasto império estava o tsar, com poder autocrático, cercado por uma numerosa nobreza, proprietária de terras que se comportava como senhores absolutos. Chegou-se a essa situação após uma longa história. Relataremos os principais momentos, pois serão argumentos centrais na tradição literária posterior.

No século X, a princesa Olga e seu neto Vladimir, duque de Kiev, foram batizados. Assim começa a história do cristianismo na região chamada *Rus*, um nome de origem normanda, pois os *vikings* dominaram as cidades fundadas anteriormente pelos eslavos no século IX. A sede do cristianismo oriental era

Constantinopla, que naquela época ainda estava ligada a Roma. A cidade de Kiev gradualmente domina a região e se fortalece na luta contra os búlgaros. Em alguns momentos, inclusive, ela se atreve a desafiar o Império Romano do Oriente. Moscou ainda não aparece no horizonte histórico.

No século XIII, todas as terras banhadas pelos rios Dnieper e Volga são conquistadas pelos mongóis. Eles estabelecem a chamada Horda Dourada, uma província dependente do Império Mongol. A única cidade que permanece relativamente independente é Novogárdia, no norte. Em meados desse século, surge em Novogárdia uma figura histórica que se tornará onipresente na literatura russa moderna: Alexandre Nevski (1221-1263), um herói que, apesar de se manter subordinado ao Império Mongol, defendeu o território de Novogárdia contra os suecos e a Confederação Polaco-Lituana. Nevski é sempre caracterizado não apenas por sua bravura mas também por suas virtudes cristãs.

Foi preciso esperar até 1380 para ver Moscou entrar na história pela porta principal. Nesse ano, o duque da futura capital vence o governador mongol de Samai. Foi uma vitória temporária, já que, dois anos depois, os mongóis recuperam a cidade. Mas a grande trajetória histórica de Moscou já havia começado, e a cidade ganha ainda mais importância quando o Patriarcado Ortodoxo de Kiev se transfere para lá.

No século XV, os mongóis são derrotados pelo duque Ivan III de Moscou (1440-1505), que, em 1472, casa-se com Sofia Paleóloga, sobrinha do último imperador de Constantinopla. Moscou passa a ser a "Terceira Roma", depois de Roma e Constantinopla, que acabara de cair nas mãos dos turcos.

O sucessor de Ivan III é Ivan IV, mais conhecido como Ivan, *o Terrível*, que também protagonizou obras literárias e musicais nos séculos XIX e XX. O despotismo com o qual governou e o poder ilimitado e arbitrário que deu aos chefes do exército mostraram que os costumes mongóis ainda estavam vivos. Ele chega ao ponto de matar seu filho mais velho e herdeiro do trono. Ivan, *o Terrível*, é sucedido por seu filho mais novo, que terá como tutor quem, mais tarde, exercerá o poder e será outro personagem literário de primeira ordem, Boris Godunov, que enfrenta muitas dificuldades e acaba sendo assassinado pelos nobres. A impressão que se tem é que ele buscava, sinceramente, promover o bem de seus súditos. Após sua morte, segue-se um período de turbulência e guerra interna e externa — os *tempos turbulentos* —, o qual tem fim com a coroação, em 1613, de um aristocrata chamado Miguel Romanov, fundador da dinastia dos tsares que governarão a Rússia até 1917.

Os Romanov estabelecem um sistema político baseado na autocracia. Os grandes tsares do século XVIII — Pedro, *o Grande*, e Catarina II — bebem tanto da tradição mongólica quanto do absolutismo francês. Os nobres — tanto os que pertenciam às famílias tradicionais, quanto os que tinham adquirido o título recentemente — dedicam-se ao serviço do Estado e possuem grandes extensões de terras. Cresce a importância do exército, o Estado amplia sua capacidade econômica com a exploração de minas e, pouco a pouco, desenvolve-se um aparelho policial, que, nos piores momentos, torna-se em um sistema opressor. Grande parte dos camponeses se transforma em servos: pagam os tributos aos nobres; devem trabalhar dois ou três dias para seus senhores; estão submetidos à justiça senhoril; são recrutados por seus amos para o exército do tsar; podem ser comprados ou vendidos de acordo com a conveniência de seus proprietários.

A Igreja Ortodoxa era a base espiritual da Rússia tsarista. Já vimos suas origens em Constantinopla. O centro religioso passa de Kiev a Moscou, cidade considerada a sucessora da capital do Império Romano do Oriente. A transferência do Patriarcado para Moscou e o reconhecimento por vários bispos dessa sede como a Metropolitana deram ao patriarca um prestígio muito grande e um poder político que, às vezes, eclipsava o poder do tsar. Mas na Rússia autocrática de Pedro não havia lugar para uma Igreja independente: em 1721, ele suspende o Patriarcado, e a Igreja passa a ser governada pelo Santo Sínodo, cujo chefe era designado pelo próprio tsar. As autoridades políticas tentam diluir a doutrina, transformando o cristianismo em um humanitarismo sentimental com tons iluministas.

Durante o século XIX, há um renascimento da espiritualidade, não pela hierarquia, mas, principalmente, pelo fortalecimento dos mosteiros, que sempre foram centros da vida mística, da santidade e do ascetismo. Milhares de peregrinos lá se reúnem para receber conselhos sobre a vida, além de esmolas e ajuda material. Entre os mosteiros mais famosos está o de Óptina Pustyn, visitado por quase todos os grandes escritores que estudaremos.

A figura principal em um mosteiro é o *stárietz*, um monge ancião, que guia as almas a partir de sua própria vida interior. O exemplo literário mais bem-sucedido de um *stárietz* é o de Zossima em *Os irmãos Karamázov*. Os monges eram celibatários, cultos e com formação espiritual, ao contrário dos padres da aldeia, geralmente chefes de família, bastante ignorantes e sem muito prestígio entre seus paroquianos.

Com o crescente prestígio dos monges e o declínio dos sacerdotes, outro fenômeno importante foi o das seitas: o povo russo, profundamente religioso, sempre foi um campo fértil para o surgimento de grupos extremistas com visões apocalípticas, anárquicas ou utópicas. O grupo dissidente mais importante é o dos *Velhos crentes*, uma cisão da Igreja oficial que surgiu no século XVII, quando um grupo de fiéis não aceitou algumas mudanças litúrgicas. Eles condenavam todos os tipos de reformas — inclusive as políticas e sociais do tsar Pedro — e foram sistematicamente perseguidos pelo Estado. Estima-se que havia dezenas de milhares de seguidores. Além disso, a Rússia estava repleta de peregrinos que visitavam santuários espalhados por todo o país, ou eremitas que viviam isolados, ou *santos tolos* ou *loucos*. Todos esses personagens foram retratados nos romances russos do século XIX: Makar é um peregrino e um dos personagens de *O adolescente*, de Dostoiévski; em seu romance autobiográfico *Infância*, Tolstói apresenta um santo louco, assim como os peregrinos e os santos tolos são mencionados em *Guerra e paz*.

O povo fiel seguia com devoção as práticas rituais e sacramentais prescritas pela Igreja. A vida seguia o ritmo dos ritos sagrados: batismos, bênçãos, casamentos e funerais eram momentos centrais da existência humana. Os dias de jejum e as festas litúrgicas em homenagem à Santíssima Trindade, à Virgem e aos santos eram mais numerosos do que na Europa ocidental. A liturgia ortodoxa enfatizava os mistérios do cristianismo: as orações cantadas, o uso abundante do incenso, o fazer constante do sinal da cruz diante das imagens e as reverências profundas introduziam o cristão em um mundo sobrenatural, um prelúdio ao Reino dos Céus. Nas obras literárias do século XIX, encontramos referências frequentes a esse mundo litúrgico-ritual, que não pertencia exclusivamente aos ricos templos russos: em todas as casas havia um "canto das imagens", para onde iam, para fazer o sinal da cruz e rezar, todos aqueles que entravam. Mas, ao lado da fé devocional e ritualística, existia uma profunda ignorância do dogma e das práticas supersticiosas pré-cristãs que não haviam desaparecido entre a população rural.

A maior parte da população era de camponeses. Fiéis ao tsar, por quem manifestavam uma veneração religiosa, até 1861 estavam submetidos, como vimos, ao poder onipotente dos senhores de terra. Depois da emancipação dos servos, suas vidas não mudaram radicalmente, e as relações de dependência e, em alguns casos, de opressão, continuaram presentes, porque os antigos servos — juridicamente livres — seguiam trabalhando nas mesmas terras de seus antigos senhores. O camponês russo, retratado pelos mestres da literatura, é, às vezes, austero, fiel e paciente. Também é escravo de seus vícios: embriaguez, machismo e violência. A esposa costuma ser a vítima da personalidade instável do marido e constitui o fundamento de famílias que mal conseguem sobreviver.

As palavras típicas com as quais se encontra o leitor das grandes novelas ou contos desse período relacionam-se ao âmbito familiar: a *baba*, a mulher casada; o *barin*, o nobre senhor dono de servos; a *isbá*, a casa das aldeias rurais; o *batiushka*, literalmente "paizinho", utilizado para se referir a quem gozava de superioridade, seja por idade, autoridade ou prestígio; o *kvas*, a bebida feita a base de cevada fermentada; o *lapot*, calçado rural com sola de casca de tília ou de bétula; o *kopec*, centavo de rublo, que, com esforço, as pequenas economias familiares conseguiam juntar; o *mujik*, um homem adulto, camponês sujeito a pagar tributo, proprietário de uma *isbá*; o *samovar*, utensílio doméstico para esquentar água e preparar chá, que nunca faltava em uma casa por mais pobre que fosse; a *versta*, medida por volta de um quilômetro para indicar as distâncias...

Durante o século XIX, a burguesia cresceu nas cidades, formada por comerciantes, funcionários públicos e profissionais liberais, que tendiam a adotar os modos de vida da nobreza sem serem totalmente aceitos por ela: luxos, viagens, bailes, festas em São Petersburgo e Moscou, enquanto no campo reinava a miséria. Tolstói, ao descrever a atmosfera russa após a abolição da servidão, escreve: "Nas estradas, nas tabernas, nas igrejas, nas casas, todos falam da mesma coisa: miséria."[9] Pouco a pouco, com a incipiente industrialização, um mundo de classe trabalhadora começou a tomar forma. Ali, mais do que entre os camponeses, germinarão as sementes revolucionárias.

* * *

---

[9] Lev Tolstói, *Correspondencia*, Barcelona, Acantilado, 2008, p. 481.

Este capítulo tem por objetivo servir como marco geral para localizar os autores que apresentaremos em seguida. Todos eles foram em busca da alma russa e, em seus caminhos, depararam-se com verdades universais.

2.

Aleksandr Púchkin: a literatura começa a falar russo (1799-1837)

Ao lado de uma das estradas que passam pela Villa Borghese, em Roma, há uma estátua de um jovem elegantemente vestido à moda do século XIX. Toda a escultura transmite determinação, dinamismo e audácia. Na base, está escrito: *Aleksandr Púchkin. Poeta russo.*

Púchkin é considerado o fundador da era de ouro da literatura russa. Ele nasce em Moscou a 26 de maio de 1799. Sua ascendência era nobre por parte de pai. Sua mãe era neta de Abraão Aníbal, um homem negro da Abissínia que fora dado de presente a Pedro, *o Grande*, e de quem o tsar se tornou grande amigo e o ligou à nobreza russa. Uma das primeiras histórias de Púchkin foi sobre seu bisavô, intitulada *O negro de Pedro, o Grande*, que permaneceu inacabada.

Nosso autor não encontrou um ambiente familiar caloroso e acolhedor. Em sua primeira infância, ocupa um lugar importante a ama-seca Arina Rodiónovna, que lhe contava lendas populares que permaneceram em sua memória e serviriam para suas futuras obras. Ele deixa Moscou para estudar no

Liceu de Tsarskoie Sieló (atualmente, esse povoado perto de São Petersburgo chama-se Púchkin), na residência de verão do tsar. O Liceu era um estabelecimento para os filhos da nobreza e tinha como objetivo preparar futuros diplomatas. Nas salas de aula, Púchkin entra em contato com grande parte da cultura europeia do século XVIII, ensinada com um espírito liberal. Ali, escreve seus primeiros poemas. Permanece no Liceu de 1811 a 1817.

Terminados os estudos, trabalha no Ministério de Relações Exteriores em São Petersburgo e mergulha na vida frívola da capital e nos círculos de intelectuais e ativistas que preparavam o levante de dezembro de 1825. Por causa de alguns poemas que escreve, considerados revolucionários pelas autoridades, é banido para o Cáucaso. Os anos ali e na Crimeia são muito frutíferos do ponto de vista literário. Ele publica *Ruslan e Liudmila, O prisioneiro do Cáucaso, Os irmãos bandidos* e *A fonte de Bakhtchissarai.* Nessas obras, a influência romântica é notável, especialmente a de Lord Byron.

Após uma carta na qual expressava uma tendência ao ateísmo ser interceptada pelas autoridades, Púchkin é expulso do serviço estrangeiro e, novamente, se exila, desta vez na cidade natal de sua mãe e onde vive sua família, Mikhailovskaya. Rompe com o pai, que, segundo ele, o controlava por ordem do governo. Esse período também foi frutífero: de sua pena saiu o famoso drama *Boris Godunov*, alguns capítulos de seu romance em versos mais importante, *Ievguêni Oniéguin*, e um poema cômico, *O conde Nulin*.

Em dezembro de 1825, a insurreição liberal fracassa e muitos de seus amigos são condenados. Púchkin já tinha publicado bastante e era um poeta famoso. O tsar Nicolau I não queria transformá-lo em mártir; por isso, o chama e comunica o fim de seu exílio, mas exige que viva em Moscou e em São Petersburgo. E para qualquer outra viagem, teria que pedir-lhe permissão. Apesar dessa imposição, Púchkin vai até o Cáucaso por conta própria e sem consultar ninguém, e testemunha os enfrentamentos entre as tropas russas e turcas.

Em 1830, termina *Ievguêni Oniéguin*, assim como inúmeros poemas e contos, dentre as quais cabe destacar os *Contos de Biélkin*, obra muito apreciada por Tolstói. *Ievguêni Oniéguin* se torna o poema nacional russo; de grande extensão, seus versos narram o período de mudança cultural em que vivem Púchkin e a própria Rússia. O personagem feminino principal, Tatiana, bebe tanto da cultura europeia quanto das tradições russas. Oniéguin, herói byroniano, frívolo e ocidentalizado, a princípio menospreza Tatiana por considerá-la uma simples camponesa russa. Mas Ievguêni se russifica depois de uma longa viagem pelas províncias e se apaixona por ela, a quem, agora, vê com novos olhos. Diante do amor romântico que lhe propõe Oniéguin, Tatiana — casada com um militar que havia participado da guerra de 1812, mas que ela não ama — permanecerá fiel aos seus votos matrimoniais, seguindo a tradição camponesa do cumprimento do dever, ainda que isso não envolva a felicidade conjugal.

Em 1831, desejando se assentar depois de uma vida amorosa desenfreada, Púchkin se casa com Natália Gontcharova e pede para que o readmitam no Ministério de Relações Exteriores. Ele se estabelece em São Petersburgo, mas seu estilo de vida o leva a sérios problemas financeiros. Nesse período, tem a oportunidade de pesquisar os arquivos do Estado e desses estudos históricos surgem muitas obras; algumas de suas obras-primas em prosa mais conhecidas e bem-sucedidas são escritas nessa época: *A dama de espadas* e *A filha do capitão*.

Em 1836, publica o primeiro número de sua revista literária, *O contemporâneo*, que será uma referência cultural durante todo o século XIX russo. Púchkin também passa a fazer parte da corte como moço de câmara, mas, como pensava que merecia uma nomeação mais digna, vinga-se por meio de versos e epigramas irônicos contra os outros membros da corte, que pagam com a mesma moeda.

Em 1837, desafia o cunhado, Georges d'Anthès, para um duelo, pois suspeitava que a esposa o traía com ele. O confronto ocorre em 27 de janeiro e Púchkin fica gravemente ferido; dois dias depois, morre. Milhares de pessoas compareceram ao seu funeral. Antes de morrer, o tsar lhe escreve, incentivando-o a se apresentar diante de Deus como um bom cristão e prometendo cuidar de sua família.

* * *

Escreve Lo Gatto que: [...] a origem nobre, ainda que em parte exótica por descender do famoso negro de Pedro, *o Grande*, antepassado de sua mãe; a instabilidade de seu temperamento também por causa dessa ascendência; os momentos de alegria exuberante e de depressão profunda durante a sua vida, e uma desenfreada sensualidade com impulsos de ternura; a ânsia por participar da vida intelectual com uma eterna curiosidade pelo conhecimento; a disposição para apreciar rapidamente e rejeitar com a mesma rapidez; a tenacidade na defesa das próprias opiniões, muitas vezes com tons de ceticismo, talvez fruto de seu conhecimento precoce do iluminismo francês; a tendência à ironia, às vezes venenosa; o grande amor pela poesia a ponto de suportar muitos sacrifícios na vida cotidiana; o culto à beleza, não apenas feminina, mas também da natureza e da forma poética; o entusiasmo pela ideia da liberdade levado ao extremo a tal ponto de fazê-lo lamentar por não ter sacrificado sua vida por ela; o menosprezo pela vida, o desafio à autoridade, os duelos e o jogo; a capacidade de transformar os acontecimentos mais adversos em momentos de mágica disposição da criação; tudo isso são aspectos pessoais, autobiográficos, mas que foram também o caldo de cultivo de sua arte.[1]

Para os russos, ele é o grande poeta nacional, quem outorgou ao idioma a dignidade de uma linguagem lírica. Na prosa, caracteriza-se por um estilo simples e linear, que apresenta a vida como ela é, sem enfeites desnecessários ou alegorias elaboradas. Certa vez, escreveu:

> O que posso dizer de nossos escritores que, considerando ser vulgar expressar com simplicidade as coisas mais simples, tentam animar uma prosa infantil com muitas palavras e metáforas fracas? Eles nunca dizem "amizade" sem acrescentar "esse sentimento sagrado, cuja nobre chama" etc. Será que eles supõem, talvez, que isso soe melhor porque é mais longo? A precisão e a brevidade são as qualidades mais importantes da prosa. Ela exige ideias e mais ideias.[2]

Púchkin é o grande iniciador: seu estilo simples e realista prepara a prosa de Tolstói; seu conto *A dama de espadas*, escrito ao estilo de E. T. A. Hoffmann, prenuncia as análises psicológicas de Dostoiévski; *A filha do capitão*, inspirada em Walter Scott, é a primeira novela histórica russa, admirada por Gógol, que afirmava que nessa obra "se apresentavam, pela primeira vez, personagens russos com uma

---

[1] Lo Gatto, *op. cit.*, p. 123.
[2] Citado em Amaya Lacasa, "Introducción a Pushkin". In: Pushkin. A. S. *Narraciones completas*, Barcelona, Alba, 2003, p. 14.

pureza que superavam a realidade."³ Há argumentos fantástico-grotescos — por exemplo, no conto *O fazedor de caixões* — que preparam o terreno para Gógol, a quem Púchkin sugeriu o argumento de algumas de suas obras mais importantes.

Púchkin se apresenta acima das escolas literárias. Em 1827, escreve a um amigo: "Para mim, todas as seitas do Parnaso são iguais, todas têm as suas vantagens e desvantagens. Por acaso não é possível ser um autêntico poeta sem ser um clássico antiquado ou um romântico fanático? Será inevitável que formas e rótulos escravizem a consciência literária dessa maneira?"⁴ De fato, há elementos clássicos, românticos e realistas em suas obras. Ele domina a linguagem e a coloca a serviço do que se tornará, ao longo dos anos, uma das tradições literárias mais importantes do mundo. Influenciado por Shakespeare, pelo século XVIII francês, por Schiller e Hoffmann, por Byron e Scott, Púchkin escreveu, com originalidade, em russo e sobre enredos russos. Além disso, generalizou o uso de algumas palavras russas para expressar ideias que, em sua época, só eram faladas em francês. E preparou o terreno onde germinariam os gênios que viriam depois dele.

* * *

---
3   Lo Gatto, *op. cit.*, p. 145.
4   Citado por Lo Gatto, *op. cit.*, p. 122.

Embora tenhamos incluído Púchkin principalmente por ele ter sido iniciador e inspirador, faremos uma breve referência a uma de suas obras em prosa: *A filha do capitão*. A história se passa na segunda metade do século XVIII e tem como cenário eventos históricos que ele conhecia muito bem: a rebelião camponesa liderada por Pugatchóv, pesquisada por ele nos arquivos do Estado. O fruto desses estudos é a sua *História de Pugatchóv* e, com a *Filha do capitão*, ele oferece uma versão romanceada sobre tais eventos.

A trama se desenvolve em torno do personagem principal, Piotr Grinióv, filho de um alto oficial do exército. Para enrijecer o seu caráter, seu pai o envia a uma guarnição da fronteira. O Estado russo contava com algumas fortalezas que o império defendia de ataques esporádicos de tribos tártaras, quirguistanesas e de outras nacionalidades. Piotr é destinado à fortaleza Belogórskaia. O regimento está ao mando do capitão Ivan Kuzmich, casado com Vassilissa Egórovna. Eles têm uma filha, Mária Ivánovna, por quem Piotr se apaixona. A vida cotidiana no forte é tranquila, e Piotr — que narra em primeira pessoa — apresenta o capitão como um homem simples e franco. Sua mulher também é bondosa, mas curiosa e ávida por tomar decisões que não lhe correspondiam junto com o marido. A filha é tímida e medrosa.

Os personagens fogem quando estão em perigo. Pugatchóv ataca a fortaleza com muitos homens, toma-a e condena todos os oficiais à morte. Quando Pugatchóv pergunta a Kuzmich como ele ousou opor-lhe resistência sendo ele o seu soberano, Kuzmich, ferido e desfalecendo, responde corajosamente:

— Você não é um soberano, mas um ladrão e um impostor, está me ouvindo?
Pugatchóv franziu a testa e balançou um lenço branco. Vários cossacos agarram o velho capitão e o arrastaram para a forca.

Kuzmich morre sendo fiel aos seus deveres militares, ao patriotismo e à fortaleza. Sua mulher havia sido raptada por alguns homens do chefe rebelde:

— Meu Deus! —Deixe-me morrer em paz —, gritou a pobre velha. — Deixe-me morrer em paz! Meus filhos, levem-me a Ivan Kuzmich!
De repente, ela olhou para a forca e reconheceu o marido.
— Malditos! — gritou horrorizada — O que vocês fizeram? Ivan Kuzmich, soldado nobre e corajoso! Você não foi atingido por baionetas prussianas ou pelas balas turcas; não perdeu a vida em uma luta honrosa, teve de morrer por causa de um fora da lei!
— Que essa bruxa fique quieta! — gritou Pugatchóv.
Então, um jovem cossaco a golpeou na cabeça com seu sabre, e ela caiu morta nos degraus da casa. Pugatchóv se afastou e as pessoas correram atrás dele.

A história continua com as andanças de Piotr e seus esforços para salvar Mária Ivánovna, que havia ficado órfã. Púchkin consegue apresentar um

Pugatchóv humano, não o monstro insensível da historiografia oficial.

Nos últimos capítulos os valores de fidelidade, lealdade, bravura e boa consciência são novamente exaltados. Púchkin, que em sua vida foi um grande crítico da autoridade, sutil em seus modos e um inconformado, nos deixa esta pérola que faz de *A filha do capitão* um clássico: quando Piotr fala com Pugatchóv para salvar Mária Ivánovna e deixá-la voltar para a área não conquistada pelo rebelde, ele lhe diz:

> — Ouça-me, não sei como chamá-lo, nem quero saber..., mas Deus é minha testemunha de que eu seria capaz de retribuir-lhe com minha vida tudo o que você fez por mim [Pugatchóv poupou sua vida por um favor que Piotr lhe havia feito no passado]. A única coisa que peço é que não exija de mim nada que seja contrário à minha honra e à minha consciência cristã. Você é meu benfeitor. Termine como começou: deixe-me ir com a pobre órfã pela estrada que Deus nos mostrará. E nós, onde quer que você esteja e o que quer que aconteça com você, rezaremos pela salvação de sua alma pecadora.

Pugatchóv concorda. A história termina bem para Piotr e Mária, e mal para Pugatchóv, que é derrotado, julgado e executado.

Em *A filha do capitão*, Púchkin exalta virtudes humanas essenciais que ainda hoje são relevantes — ser leal, ser fiel, honrar a palavra dada, seguir a própria consciência — e lançou as bases de uma literatura que é profundamente russa e, ao mesmo tempo, transmite valores universais. Foram, sobretudo, Gógol, Turguêniev e Dostoiévski que reverenciaram sua memória.

3.

Nikolai Gógol: um pregador incompreendido (1809-1852)

A poucos metros de distância da estátua de Púchkin na Villa Borghese, o caminhante se depara com outra escultura, mais pesada que a primeira, feita de mármore preto. Ela retrata Nikolai Gógol, que viveu por alguns anos às margens do rio Tibre. Sob a imagem do escritor, é possível ler as seguintes frases: "Só posso escrever sobre a Rússia quando estou em Roma. Somente de lá ela se apresenta diante de mim em toda a sua plenitude, em toda a sua vastidão."

Gógol ocupa um lugar importante na genealogia da literatura russa moderna. Sobre ele, Trótski escreveu, ignorando Púchkin: "Antes de Gógol, a literatura russa aspirava a existir. A partir de Gógol, ela existe; ele lhe deu existência, ligando-a para sempre à vida."[1]

Gógol nasce em 1809 em uma aldeia ucraniana, no seio de uma família de profundas raízes cristãs. Muda-se para São Petersburgo para estudar na universidade. O começo de sua carreira literária é catastrófico: publica, por conta própria, um poema em uma revista, mas recebe críticas tão duras que

---
1 Trótski, L. "Gógol". *Vostóchnoe Obosrénie*, [s. l.], n. 43, 21 fev. 1902.

decide comprar todos os exemplares da publicação e destruí-los.

O jovem escritor está cheio de ambição e vaidade; supera o tropeço inicial e escreve duas coletâneas de contos sobre as tradições ucranianas (*Serões numa granja perto de Dikanka* e *Mírgorod*), que tiveram muito êxito. Uma das chaves da boa recepção à sua obra foi a linguagem popular que utilizou: dominando a tentação de utilizar palavras francesas, Gógol procurou no falar dos camponeses a maneira de expressar suas tradições. Anos mais tarde, ele publica os *Contos de São Petersburgo*. O *inspetor geral*, uma comédia, é publicada em 1836 e nela Gógol critica a corrupção burocrática. A obra é encenada e, imediatamente, dá início a um caloroso debate.

Gógol decide se distanciar da polêmica e vai para a Europa Ocidental. Ele viverá, basicamente, em Roma, onde reside entre 1837 e 1848, primeiro em um apartamento na Via Sistina e depois na Villa Wolkonsky. Na Cidade Eterna, escreve a primeira parte de *Almas mortas*, publicada em 1842. Gógol queria colocar sua pena a serviço da glória de Deus e ajudar, com os seus escritos, a sociedade a melhorar sua moralidade. Seu projeto era ambicioso: a primeira parte pretendia ser como o *Inferno* da comédia dantesca, na qual a degradação dos costumes russos era apresentada. A segunda seria o *Purgatório*, e a terceira, o *Céu*, em que a verdade sobre a Rússia seria revelada: a alma de um povo essencialmente religioso viria à tona.

Esse grandioso plano permaneceu inacabado. Cinco anos depois da publicação da primeira parte de *Almas mortas*, são publicados *Trechos selecionados da correspondência com amigos*, em que tenta justificar a situação social de opressão da Rússia tsarista com argumentos religiosos. Esse livro gerou grande indignação, e aqueles que admiravam Gógol — como o crítico Bielínski — deram-lhe as costas. Angustiado, em 1848 faz uma peregrinação até a Terra Santa.

Em setembro de 1851, recebe uma carta de um monge do mosteiro de Óptina Pustyn, o padre Makary, que havia sido seu conselheiro espiritual. Nela, ele o faz ver que a sua tentativa de colocar a obra literária a serviço da religião falhou: "Para que uma lâmpada ilumine, não basta que o vidro esteja limpo: deve haver uma vela acesa no seu interior."[2] Gógol, de acordo com o monge, não era o escritor-profeta que desejava ser. Sua reação diante da carta de Makary é terrível: ele manda seu criado destruir o manuscrito da segunda parte de *Almas mortas*, embora alguns fragmentos tenham sido conservados. Nikolai Gógol morre de fome em Moscou, atormentado por escrúpulos religiosos, em 1852.

Seus *Contos de São Petersburgo*, a novela *Tarás Bulba* (incluída em *Mírgorod* e reelaborada em 1842),

---

2 Citado em Figes, *op. cit.*, p. 392.

a comédia *O inspetor geral* e *Almas mortas* estão entre os clássicos da literatura russa do século XIX. Apresentaremos ao leitor três textos que ainda hoje se conectam conosco. O primeiro foi extraído de um dos *Contos de São Petersburgo*, o segundo é de *Tarás Bulba*, e o último, de sua obra inacabada, *Almas mortas*.

A obra de arte permite vislumbrar o celestial e o divino

Em *Contos de São Petersburgo*, Gógol reúne seis relatos relativamente breves, publicados entre 1836 e 1842, em que descreve algumas cenas da vida da cidade. Suas histórias estão povoadas de personagens comuns, desconhecidos para o grande público, aos quais acontecem coisas extraordinárias que têm a aparência de fenômenos sobrenaturais. O humor e a ironia estão em suas obras, mas, no fundo, há uma crítica implacável à sociedade russa. Todos os grandes escritores depois de Gógol leram essas histórias. Dostoiévski afirma que no conto *O capote* já estava toda a potência da grande literatura que veio depois: "Todos nós viemos do *Capote*, de Gógol", disse, em um discurso de homenagem celebrando a morte do autor.

Desse livro, destacamos o seguinte texto: a reflexão sobre o fim de uma obra de arte, que está no conto *O retrato*, que narra a história de um quadro que tem poderes demoníacos e arruína a vida das pessoas que o compram, semeando o ódio e a desunião. O pintor, arrependido de haver criado essa obra maligna, termina seus dias em um mosteiro, totalmente convertido. Quando seu filho, pintor como ele, o visita, lhe diz:

> — Esperava por ti, meu filho — disse ele, quando me aproximei pedindo sua bênção. — Tens, em tua frente, um caminho pelo qual transcorrerá, daqui em diante, a tua vida. Esse caminho é puro: vê se não te afastas dele. És talentoso, e o talento é um preciosíssimo dom de Deus: vê se não o destróis. Explora, estuda tudo quanto vires, submete tudo ao teu pincel, mas sabe achar em tudo uma ideia interna e, antes de tudo, procura abranger o sublime enigma da criação. Bem-afortunado é o eleito que o domina. Para ele, não há temas baixos na natureza. Esse pintor criador é tão grande no ínfimo como no gigantesco: não despreza o que for desprezado, pois transparece naquilo, imperceptível, a bela alma de quem o criou, e aquilo que for desprezado já adquiriu sua expressão elevada ao passar pelo purgatório de sua alma. Para o homem, a alusão ao paraíso divino, celestial, encerra-se nas artes, e só por esse motivo é que elas estão acima de tudo. E quantas vezes a solene paz sobrepuja qualquer celeuma mundana, quantas vezes a criação sobrepuja a destruição, quantas vezes um anjo sobrepuja, tão só com a cândida inocência de sua alma iluminada, todas as legiões incontáveis e todas as soberbas paixões de Satã, tantas vezes é que a alta criação das artes sobrepuja tudo o que existir neste mundo. Sacrifica tudo a elas, ama-as com toda a paixão, não aquela paixão que respira a lascívia terrena, mas uma serena paixão celeste, sem

a qual um homem não consegue desprender-se da terra nem ouvir os maravilhosos sons da serenidade. É para apaziguar e reconciliar a todos que a alta criação das artes tem vindo ao mundo. Não pode provocar queixumes na alma, mas sempre se dirige, como uma prece audível, a Deus.[3]

O trecho se encaixa perfeitamente na finalidade religiosa que Gógol desejava dar a toda sua obra, mas também se alinha à tendência generalizada da literatura russa do século XIX, que rejeitava a noção de "arte pela arte". A arte tem valor porque é a encarnação privilegiada da Beleza, uma das formas transcendentais do ser. Para Gógol — em plena harmonia com a tradição clássica, medieval e romântica — a obra de arte tem a capacidade de superar os estreitos limites desta terra e abrir uma janela para a transcendência. A arte faz parte da *via pulchritudinis* — o caminho da beleza — para chegar a Deus, e em si mesma esconde algo divino: por isso Gógol afirma que ela "desce a este mundo".

A tensão entre o universal e o particular

Tarás Bulba (1835, 1842) é uma novela histórica, que segue o estilo das obras de Walter Scott, e que na Rússia tem como antecedente *A filha do capitão*,

---

[3] Nikolai Gógol, "O retrato". In: *Contos góticos russos*. Tradução de Oleg de Almeida. São Paulo: Martin Claret, 2020, p. 77. [N. T.]

de Púchkin. É impossível estabelecer uma data exata para enquadrar os acontecimentos nela narrados, que se produzem no mundo dos cossacos entre os séculos XV e XVII.

Os cossacos foram um baluarte que freou o avanço mongol, lutaram contra os tártaros e os turcos e enfrentaram os poloneses católicos em defesa de sua fé ortodoxa. Na atmosfera de reivindicação do que é propriamente russo, não poderia faltar a evocação desse povo, personificado em Tarás Bulba e seus companheiros. Se o livro rapidamente se tornou um ícone das tradições viris dos cossacos, uma leitura mais atenta revela em suas páginas uma análise da tensão universal entre a identificação do ser humano com seu próprio povo, nação, etnia ou tribo e a abertura para o outro. Gógol apresenta os cossacos imbuídos de uma total identificação com suas tradições, fé e costumes, em que a crueldade e o caráter rude se juntam à nobreza e a um profundo senso de lealdade para com seus companheiros. Mas, ao mesmo tempo, a representação que Gógol faz deles mostra desprezo pelo "outro", seja ele judeu, polonês, tártaro ou turco. Todo aquele que não é "cossaco" é desprezível, de acordo com sua visão etnocêntrica e autorreferencial.

A história de Tarás Bulba se centra nos costumes do povo, nos confrontos armados com o inimigo e na vida nos acampamentos. A trama se complica porque um dos filhos do chefe cossaco, Andríi, apaixona-se por uma polonesa e decide ir para o lado do inimigo, traindo seu povo.

Andríi não vê nada de imoral nessa união com o "outro" e coloca seus sentimentos e seu projeto de vida acima das tradições e das convenções de sua nação. Quando a jovem amada, após ouvir a declaração de amor de Andríi, diz que sabe que não pode amá-lo —"Eu sei quais são os seus preceitos e o seu dever: seu pai, seus camaradas e sua pátria o chamam, e nós somos seus inimigos" — Andríi, exaltado, dirá:

> E o que me importa meu pai, meus camaradas e minha pátria? Quem disse que minha pátria é a Ucrânia? Quem a deu como minha pátria? A pátria é aquilo que nossa alma busca, aquilo que amamos acima de tudo. Minha pátria é você! Essa é a minha pátria! E levarei essa pátria em meu coração, levarei até o fim de meus dias, e ai do cossaco que quiser tirá-la de mim! Darei e venderei tudo o que tenho, morrerei por essa pátria!

Tarás Bulba matará o seu filho em uma batalha entre cossacos e polacos e levantará a bandeira da resistência cossaca até o último momento de sua vida.

De certa forma, o drama de Andrômaca e Heitor — o conflito entre os afetos do coração e os deveres da pátria — reaparece na história do filho de Tarás Bulba, embora seja resolvido de forma oposta: Heitor cumpre sua obrigação militar e abandona

Andrômaca e seu pequeno filho em Troia. O herói troiano morre, deixando desamparada sua família. Mas, no caso que estamos analisando, ao drama individual se une o conflito do grupo entre a identidade cultural fechada e a abertura para o novo.

Tarás Bulba — e todos aqueles que durante a história reduzem o ser humano à sua identidade cultural — encontra-se em uma rua sem saída: nunca poderá entender seu filho, a menos que reconheça igual dignidade a todas as pessoas, sem distinção de raça, cultura ou condição social. Toda cultura, se pretende ser autenticamente humana, além de venerar suas raízes, deve se abrir para o universal: uma cultura fechada em si mesma está destinada a perecer.

Ao mesmo tempo, a falta de identidade cultural, a ausência de raízes, e o cosmopolitismo etéreo empobrecem a existência das pessoas. A partir de uma antropologia integral, não deveria haver nenhum problema em Andríi amar uma jovem polonesa sem trair sua terra natal. Uma personalidade madura é grata por suas raízes, por todo o legado de uma tradição e, ao mesmo tempo, tem a humildade de reconhecer que pode aprender com outros povos e tradições. Mas em uma circunstância histórica específica, na qual os preconceitos nacionalistas e as paixões humanas estão em primeiro plano, é muito difícil manter a própria identidade e a abertura para o outro sem entrar em crise.

A tensão entre a adesão ao local e a abertura ao universal é inerente à natureza humana. João Paulo II — um grande entendedor da humanidade —, em um memorável discurso às Nações Unidas em 5 de outubro de 1995, disse:

> Essa tensão entre o particular e o universal pode ser considerada imanente ao ser humano. A natureza comum leva as pessoas a se sentirem membros de uma única família. Mas, devido à historicidade concreta dessa mesma natureza, elas estão necessariamente ligadas de modo *mais intenso* a grupos humanos concretos; em primeiro lugar, a família, depois os vários grupos de pertencimento, até o conjunto do respectivo grupo étnico-cultural, que, não por acaso, indicado pelo termo "nação", evoca o "nascer", enquanto indicado pelo termo "pátria" (*fatherland*), evoca a realidade da própria família. A condição humana está, portanto, situada entre esses dois polos — universalidade e particularidade — em uma tensão vital entre eles; uma tensão que é inevitável, mas especialmente frutífera se for vivida com sereno equilíbrio.[4]

Nem Tarás Bulba nem Andríi alcançaram esse equilíbrio sereno.

Trabalho e honestidade pública

Gógol era um grande admirador de Púchkin. Foi justamente o poeta nacional russo que lhe sugeriu

---

[4] São João Paulo II, mensagem à Assembleia Geral das Nações Unidas na celebração do 50º aniversário de sua fundação (Nova York, 5 de outubro de 1995).

o tema de *Almas mortas*. Nela, ele narra a história de Tchítchikov, um personagem inesquecível e tragicômico. Ex-funcionário público, sonha com um futuro cheio de riquezas, mas sem trabalhar arduamente e sem respeitar as normas mais elementares de moralidade. Tchítchikov chega a uma cidade, cujo nome o leitor desconhece, entre Moscou e São Petersburgo. Com uma presença correta e afável, estabelece boas relações com os principais personagens da cidade. Estamos em um período da história russa em que a servidão ainda existe, e os *mujiks* — camponeses — podem ser comprados e vendidos. Tchítchikov convence vários proprietários a lhe vender as almas — ou seja, servos —, mas elas devem ser almas mortas, servos falecidos que ainda constam no registro oficial do Estado. Como possuir centenas ou milhares de almas dá prestígio social e, pelo menos, aparência de poder econômico, Tchítchikov sonha em comprar as almas mortas por um preço modesto e, assim, casar-se convenientemente e viver com conforto. No final, a trapaça é descoberta, Tchítchikov é forçado a deixar a cidade e vai tentar a sorte em outro lugar do vasto império russo, sem nenhuma pretensão de ganhar a vida de forma honesta.

Gógol descreve uma devastadora paisagem moral da sociedade russa: todos os funcionários são corruptos, reina a preguiça, as classes altas e a pequena burguesia buscam a ostentação, o pobre é desprezado e abandonado, sem virtudes ou sem um futuro certo. Na realidade, as almas mortas mencionadas por Gógol são as de seus personagens, mais do que as dos servos mortos. Quando Púchkin leu parte do manuscrito, ele exclamou: "Como a Rússia é triste!"

Há dois textos em que Gógol aponta uma solução para os problemas russos de sua época: a redenção social não virá pelas mudanças estruturais, mas pelo trabalho árduo e pela conversão moral dos funcionários públicos. Essa é uma mensagem que ainda hoje é atual e que transcende as circunstâncias russas da primeira metade do século XIX.

Vejamos o primeiro texto. Tchítchikov está almoçando na casa de um senhor de terras que tem uma fazenda modelo. Ele lhe diz que há outra propriedade à venda nas proximidades, que está abandonada e que foi muito mal administrada. Leiamos o diálogo:

> Permita-me, meu distinto amigo, que volte ao assunto que discutíamos antes — disse Tchítchikov, tomando outro cálice de licor de framboesa, realmente delicioso. — Suponhamos que eu adquirisse a propriedade que o senhor mencionou antes, em quanto tempo poderia enriquecer o suficiente para...
> —Se o senhor deseja enriquecer depressa — interrompeu Costangioglio, em um tom abrupto, como se o assunto o irritasse profundamente — não conseguirá, porém, se quiser enriquecer sem pensar em datas, terá sucesso em muito pouco tempo.
> — Ah! — exclamou Tchítchikov.
> — Sim — continuou Costangioglio em seu tom brusco, como se estivesse irritado com o próprio

Tchítchikov. — É preciso amar o trabalho. Do contrário, não se consegue nada. É preciso se apegar ao trabalho da fazenda. E, acredite em mim, não há nada de monótono nisso. É mentira que o trabalho no campo entedia. Eu morreria, me enforcaria de tédio se tivesse que passar um único dia na cidade como eles passam em seus estúpidos cassinos, restaurantes e teatros. São imbecis, idiotas, uma geração de asnos! O senhor de uma propriedade rural não tem tempo para ficar entediado. Sua vida é constantemente atarefada. Tudo o que é preciso é a diversidade de ocupações, e quantas ocupações! São afazeres que elevam o espírito. Não importa o que se diga, o homem está em contato com a natureza, com as estações do ano, colabora em tudo o que acontece na Criação. Considere todo o trabalho que é feito durante o ano: antes da chegada da primavera, ele espera atentamente: prepara as sementes, as seleciona e distribui nos celeiros, faz a secagem mais uma vez. As novas cargas são definidas. Durante todo o ano, ele verifica e calcula tudo com antecedência. E assim que o degelo chega, os rios voltam a correr e o solo seca, a enxada começa a trabalhar nos pomares, o arado e o rastelo nos campos. Ele planta e semeia. O senhor compreende o que significa tudo isso? Não é nada! É a futura colheita que estão semeando! É a felicidade de todo o mundo que está sendo semeada! O alimento de milhares de pessoas é semeado! O verão está chegando... A colheita do feno... E então é o tempo de colher o trigo, o centeio, a cevada e a aveia. Tudo está em ebulição; não se pode perder nem um minuto sequer; mesmo que alguém tivesse vinte olhos, haveria muito trabalho para todos eles. E assim que as festas são celebradas, a colheita deve ser transportada para as eiras, chega o trabalho de outono, os celeiros, os currais e os estábulos precisam ser consertados para o inverno e, ao mesmo tempo, há trabalho para todas as mulheres. Faz-se um balanço, vê-se o que foi feito. E isso é algo... E o inverno! É a debulha nos galpões, o transporte dos grãos para os celeiros. Ele vai ao moinho e às fábricas, dá uma olhada no pátio onde as pessoas trabalham, verifica como vão as coisas com cada *mujik*. Posso lhe garantir que se um carpinteiro for bom com um machado, sou capaz de observá-lo por duas horas; para mim, o trabalho é uma fonte de alegria. E, além disso, se a pessoa também entende que tudo é feito com um propósito específico e vê as coisas se multiplicarem ao seu redor, produzindo novos frutos, então não sou capaz de explicar o que se sente. E não porque o dinheiro aumenta — o dinheiro é uma coisa à parte —, mas porque a pessoa vê que tudo isso é obra sua; porque percebe que é a causa de tudo, a criadora de tudo, e que, como se fosse um mágico, espalha a abundância e o bem. Onde o senhor poderá encontrará tal prazer? — Costangioglio continuou e levantou a cabeça. As rugas haviam desaparecido de sua testa. Ele brilhava por inteiro, como um rei no dia solene de sua coroação. — Em todo o mundo o senhor não encontrará prazer como esse! É aqui, exatamente aqui, que o homem se assemelha a Deus. Deus reservou a Criação para Si mesmo como o prazer supremo e exige das pessoas que elas também, à semelhança do Criador, semeiem prosperidade ao seu redor. E ainda assim há quem diga que essa é uma tarefa enfadonha!

Aqui termina a reflexão sobre o trabalho, do qual se tem uma visão positiva aberta à transcendência: com nosso trabalho diário, por mais humilde que seja, melhoramos o mundo, nos aperfeiçoamos moralmente e colaboramos com a obra criadora de

Deus. E isso, longe de ser um castigo, é fonte de profunda alegria.

Enquanto Gógol escrevia *Almas mortas* em Roma, em Copenhague, Søren Kierkegaard publicava *Aut--Aut*. Quando o filósofo dinamarquês se refere às obrigações da vida ética, enfatiza a importância do trabalho. E o faz em termos muito semelhantes aos do escritor russo:

> É belo contemplar os lírios do campo que, apesar de não tecerem nem costurarem, vestem-se de tal maneira que nem mesmo Salomão, em todo o seu esplendor, foi capaz de vestir-se dessa forma; é belo contemplar como os pássaros encontram seu alimento sem muita ansiedade; é belo contemplar Adão e Eva em um paraíso onde podem encontrar tudo o que precisam; mas é ainda mais belo contemplar um homem que é, por assim dizer, sua própria providência. É por isso que o ser humano vale tanto, vale mais do que qualquer outra criatura, na medida em que ele pode cuidar de si mesmo! É belo ver um homem que possui em abundância os bens que ganhou, que conquistou; mas também é belo ver um homem que mostra sua habilidade, algo ainda mais sublime, e transforma o pouco em muito.[5]

Voltemos ao nosso texto. Tchítchikov escuta encantado as palavras de Costangioglio e formula resoluções para o futuro, mesmo que não resultem em nada, pois ele, mais uma vez, elabora planos para enriquecer com facilidade e sem nenhum esforço.

---

5   Søren Kierkegaard. *Aut-Aut*, Milão, Adelphi, 1989. v. 5, pp. 182-83.

Tchítchikov é apenas um exemplo entre mil da corrupção que reina na sociedade pintada por Gógol. No último capítulo que nos chegou da segunda parte, são citadas as palavras de um príncipe a seus oficiais. Ele lamenta a injustiça que se manifesta em todas as áreas da administração pública e encerra o seu discurso — e com essas palavras Gógol encerra seu manuscrito — da seguinte forma:

> Mas deixemos de lado a questão de quem é o maior culpado. O que está em questão é que precisamos salvar nosso país, que está perecendo por causa de nós mesmos; que se formou um governo fora do governo legítimo e que é muito mais forte do que qualquer governo legítimo. Ele estabeleceu seus termos, tudo foi precificado e até mesmo esses preços foram anunciados publicamente. E nenhum governante, mesmo que seja o mais sábio de todos os legisladores e estadistas, é capaz de corrigir o erro, não importa quantas restrições ele imponha aos atos dos maus funcionários, colocando-os sob a vigilância de outros funcionários. Tudo será inútil enquanto cada um de nós não compreender que os mesmos que, na época da revolta dos povos, pegaram em armas contra os inimigos, devem agora se levantar contra a injustiça. Agora me dirijo a vocês como russo, como uma pessoa ligada a vocês por laços de sangue. Dirijo-me àqueles dentre os presentes que mantêm uma noção do que significa a nobreza de pensamento. Convido-os a ter em mente o dever que, em todos os lugares, pertence ao indivíduo. Convido-os a considerar mais atentamente o seu dever e as obrigações que têm na Terra, pois a ideia que temos é confusa e difícil.[6]

---

6   *Ibid.*, p. 477.

E nesse ponto termina o manuscrito.

Gógol: um clássico russo que fala das circunstâncias atuais de tantas sociedades que perderam a cultura do trabalho e permitiram que a corrupção assumisse a forma de um monstro de mil cabeças, tão difícil de erradicar.

4.

Ivan Turguêniev: um russo para o Ocidente (1818-1883)

Ivan Turguêniev nasce em Oriol, povoado próximo a Moscou, em 1818, e tem uma infância difícil em razão do caráter violento de sua mãe: Varvara Petrovna Turgeneva era uma mulher com muitos preconceitos sociais, que tratava seus servos de forma despótica e não permitia que ninguém a contradissesse. Seu pai, um coronel do exército imperial, morreu quando Turguêniev ainda era adolescente. Ivan estuda literatura em Moscou e São Petersburgo e frequenta aulas de filosofia na Universidade de Berlim, onde entra em contato direto com a cultura da Europa Ocidental, pela qual sempre sentiu grande admiração.

A obra que lhe trouxe fama foi *Memórias de um caçador*, uma coleção de contos em que, com uma descrição detalhada da natureza, acompanhamos a vida e as reflexões de camponeses, homens e mulheres. Isso gera grande surpresa em uma Rússia onde dava-se atenção apenas à nobreza ou à burguesia urbana. Alguns chegam a afirmar que essa obra teve um papel análogo ao de *A cabana do pai Tomás*, nos Estados Unidos, e contribuiu para a extinção, em 1861, da servidão. O exemplo dos maus-tratos aos servos em sua casa foi uma boa fonte para as denúncias sociais que fez.

Turguêniev passa certo tempo na prisão em razão de uma carta que escreve por ocasião da morte de Gógol, na qual elogiava o escritor. Os censores o consideram um entusiasta. Esses eram os tempos difíceis do tsar Nicolau I. Turguêniev escreve na *Gazeta de São Petersburgo*:

> [...] Gógol está morto! [...] Que coração russo não se comove com essas três palavras? [...] Foi-se o homem que agora tem o direito que a morte nos dá de ser chamado de grande.

A prisão é substituída pelo confinamento em sua casa de campo por um ano, período em que aproveita para escrever seu primeiro romance, *Rúdin*.

Em 1856, muda-se para Paris. Embora tenha feito viagens esporádicas à Rússia, ele vive na Europa Ocidental até o fim de seus dias. Sua residência fixa é na capital francesa, com períodos ocasionais na Alemanha. Em Paris, mora com o casal Viardot, como um amigo que fazia parte da família. Pauline Viardot era uma cantora de ópera, por quem Turguêniev se apaixona em São Petersburgo e de quem nunca consegue se separar. O casal cria a filha natural do escritor. Durante esses anos, ele produz vários romances: *Ninho de fidalgos*, é de 1859, *A véspera*, de 1860, e *Pais e filhos*, de 1862. Mais tarde, publica

Fumaça e *Terras virgens*, e também escreve alguns contos e peças de teatro. Turguêniev mantém relações tensas com seus colegas russos: não apreciava Dostoiévski, que lhe paga com a mesma moeda fazendo uma caricatura sua em *Os demônios*. As coisas não eram melhores com Tolstói: eles chegam a se desafiar para um duelo, ainda que depois se perdoem, e Turguêniev visitará o autor de *Guerra e paz* em sua propriedade em Iásnaia Poliana. Muito apreciado nos ambientes eruditos de Paris — era um assíduo frequentador do círculo de Flaubert, Zola e Daudet —, Turguêniev morre em uma casa nos arredores de Paris, em agosto de 1882. Mais tarde, seus restos mortais seriam trasladados a São Petersburgo.[1]

* * *

"Turguêniev" — comenta Mirskij — "foi o primeiro escritor russo que encantou o leitor ocidental [...]. Turguêniev foi um escritor do século XIX, talvez o mais representativo da segunda metade do século, tanto na Rússia quanto no Ocidente. Era um vitoriano, um homem de acordos, mais vitoriano do que qualquer um de seus contemporâneos na Rússia. Foram essas as características que o tornaram tão aceitável na Europa, embora tenham sido também as que

---

[1] Cf. André Maurois, *Turgueniev*, Madri, Aguilar, 1931.

prejudicaram sua reputação mais tarde."[2] De fato, o gosto do público mais tarde se desviou para pratos "mais fortes", como os oferecidos pelas narrativas de Dostoiévski e Tolstói. Mas, na década de 1860, ele era, de modo indiscutível, o ponto de referência.

Turguêniev percebeu a necessidade de reforma na sociedade russa. Ele apreciava sinceramente a população camponesa e lutava por uma mudança de mentalidade da nobreza com relação às condições materiais e sociais dos *mujiks*. Ao mesmo tempo, compreendia a conveniência de reformas graduais e não traumáticas.

Sempre foi um ocidentalista, mas profundamente russo, que entendia as sensibilidades dos eslavófilos. Em suas *Memórias de literatura e vida*, escreve: "Não acredito que meu ocidentalismo tenha me privado de qualquer interesse pela vida russa, de qualquer compreensão de suas características e necessidades [...]. Nunca reconheci a fronteira que alguns patriotas zelosos, e até mesmo fervorosos, mas mal-informados, tentaram estabelecer entre a Rússia e a Europa Ocidental, essa Europa à qual estamos tão intimamente ligados pela raça, pelo idioma e pela fé."[3]

De fato, todas as suas obras são ambientadas na Rússia e analisam as questões sociais daqueles anos-chave em meados do século XIX.

---

2   Mirskij, *op. cit.*, p. 215.
3   Citado por Lo Gatto, *op. cit.*, p. 252.

Em seus romances, que narram a transformação social ocorrida na Rússia entre 1840 e 1860, ele mostrou a profunda importância dos princípios que geraram esse desenvolvimento. O tipo particular de romance de Turguêniev, original em sua estrutura, está ligado especialmente a essa capacidade de perceber e expressar em termos artísticos as mudanças na vida social russa em um momento em que a luta entre o velho e o novo se torna cada vez mais dura [...]. Os personagens dos romances de Turguêniev são sempre a expressão da tendência à mudança histórica de seu tempo.[4]

Em suas obras, é fácil identificar qual corrente de pensamento cada personagem representa: Rúdin, no romance que leva seu nome, é o intelectual que não conclui nada prático da década de 1840; Lavriétski, em *Ninho de fidalgos*, é o eslavófilo daquela geração; Bazárov, no romance *Pais e filhos*, é o materialista e niilista dos anos 1860 etc.

Apresentaremos, a seguir, duas obras clássicas de Turguêniev: *Memórias de um caçador* e *Pais e filhos*.

* * *

Já comentamos algo a respeito de *Memórias de um caçador*. Turguêniev escreve diferentes histórias separadamente e as publica na revista *O contemporâneo* — fundada por Púchkin alguns anos antes —

---

4 Giovanna Spendel, *Introduzione a Turgenev*, I. *Romanzi*, Milão, Mondadori, 1991, p. XIII.

entre 1847 e 1851. No ano seguinte, publica um livro em dois volumes com todas as narrativas. Se o leitor não notava nada de revolucionário em cada história individualmente, a publicação em conjunto parece criticar a situação dos servos da gleba que, para alguns, poderia ser perigosa e, para outros, despertava a consciência.

Do ponto de vista literário, Turguêniev, com essas páginas, chega ao auge. Ele descreve de forma poética a natureza do interior da Rússia e narra com simplicidade os encontros com um caçador na estepe, em uma floresta, em uma *isbá* ou em uma aldeia com camponeses, comerciantes ou senhores. As histórias são simples, repletas de elementos psicológicos sobre o modo de vida rural de servos e senhores. O autor não faz nenhum julgamento sobre os fatos: ele simplesmente os apresenta como são.

Não há uma visão idílica dos servos: as virtudes de muitos deles — senso de dignidade, trabalho árduo, sabedoria para enfrentar os sofrimentos da existência — se misturam com seus vícios: crueldade, embriaguez, irresponsabilidade na previsão do futuro. O mesmo acontece com os senhores: há aqueles que são compreensivos e humanos e aqueles que são arrogantes e cruéis.

Turguêniev apresenta com traços bem marcados o desprezo que alguns senhores têm por seus servos e a convicção entre os primeiros de que existe uma ordem natural que exige que senhores mandem e servos obedeçam. Na história *Dois cavalheiros no campo*, o caçador fica surpreso com o tratamento severo que Mardarij Apollonic dá a seus servos. Ele não respeita as leis que foram criadas nos últimos tempos em favor deles, porque se considera um senhor "antiquado". "Para mim — diz —, se você é um senhor, você é um senhor, e se você é um camponês, você é um camponês... Isso é tudo." Além de sua atitude arrogante, ele acredita que a maldade dos servos seja hereditária:

> Além disso, eles são camponeses ruins, caíram em desgraça. Especialmente duas famílias. A boa alma de meu pai, que Deus o tenha, não podia suportá-los. E eu — vou lhe dizer — observei o seguinte: se o pai é ladrão, o filho também é ladrão [...]. Ah, o sangue, o sangue é uma grande coisa! Confesso abertamente a vocês: enviei os jovens dessas duas famílias para se tornarem soldados, embora ainda não fosse a vez deles, e assim os espalhei por aí, aqui e ali. Mas eles não morrem. O que você quer que eu faça? Esses malditos são prolíficos.

Em outras histórias, destaca-se como alguns senhores consideravam que tinham poder absoluto sobre seus servos. Em *Pëtr Petrovic Karataev*, o autor conta a história de um jovem que se apaixona por uma criada. Sua senhora não aprova o relacionamento e decide mandá-la para uma aldeia no meio da estepe. Quando o amante intercede pela criada, a senhora lhe diz com altivez: "O que eu fiz para merecer isso? Por acaso, não sou a senhora da minha casa?" E não cede a nenhuma reivindicação.

Às vezes, aquele que inflige um tratamento mais cruel aos servos não é o senhor, e sim o administrador ou capataz de uma aldeia. No conto *O administrador*, Turguêniev conta a história de Sofron Jakovlic, servo de um senhor de terras, que é o responsável pela administração de várias aldeias. Quando o caçador pergunta a um camponês por Sofron, este o responde: "É um cachorro, não um homem: um cachorro como ele não se encontra daqui até Kursk."

O camponês explica que a aldeia pertence ao senhor apenas no nome, pois é Sofron quem realmente a governa. E ele governa "como se fosse o dono de tudo. Os camponeses estão endividados até o pescoço. Ele os obriga a trabalhar de sol a sol... e não lhes dá descanso [...]. Ele não faz negócios apenas com a terra: negocia cavalos, gado, alcatrão, manteiga, leite, sei lá...! Ele é inteligente, é rico, esse animal [...]. É um animal, não é um homem, é um cachorro, um cachorro de caça."

Quando o caçador pergunta ao camponês por que eles não denunciam o administrador, o pobre servo responde: "Imagina! E o senhor por acaso se importa com isso? Contanto que os camponeses não atrasem seus pagamentos, nada mais importa para ele". E acrescenta que, se alguém reclamar, as represálias de Sofron podem ser terríveis.

Além de denunciar os maus-tratos, Turguêniev é um fino observador da psicologia dos camponeses. Em suas histórias, ele revela a diversidade de suas características. Na primeira, *Khor e Kalínitch*, o caçador os descreve da seguinte forma:

> Os dois amigos não eram nada parecidos. Khor era uma pessoa positiva e prática, um cérebro de administrador, uma pessoa racional; Kalínitch, por outro lado, pertencia ao grupo dos idealistas, dos românticos, dos entusiastas, dos sonhadores. Khor entendia a realidade, ou seja, havia se estabelecido na vida, acumulado seu pouco dinheiro, andava de acordo com seu mestre e com a autoridade; Kalínitch andava de sandálias e chegava ao fim do mês como podia. Khor tinha uma família grande, respeitosa e unida; Kalínitch tinha uma esposa que lhe dava muito medo e nunca tivera filhos. Khor lia os pensamentos do senhor Polutykin; Kalínitch reverenciava seu mestre. Khor amava Kalínitch e o protegia; Kalínitch amava Khor e o respeitava. Khor falava pouco, sorria ironicamente e raciocinava consigo mesmo; Kalínitch dizia o que pensava com fervor, embora não tivesse a facilidade de Khor com as palavras... Mas Kalínitch era dotado de qualidades que o próprio Khor reconhecia: por exemplo, ele lançava feitiços contra o sangue, o medo, a raiva, expulsava os vermes; as abelhas se deixavam dominar por ele [...]. Kalínitch estava mais próximo da natureza. Khor, ao contrário, estava mais próximo dos homens e da sociedade; Kalínitch não gostava de pensar e acreditava cegamente em tudo; Khor se elevava até alcançar uma visão irônica da vida.

Os servos não são meros números para Turguêniev: cada um é único, particular, com personalidade própria.

Para alguns críticos, o conto de maior sucesso é *Os cantores*, que conta a história de um concurso de canto entre dois amadores — um operário e um homem de negócios — que ocorre em uma estalagem em uma aldeia pobre e isolada. Turguêniev não esconde os vícios dos cantores, mas enfatiza a sensibilidade artística tanto dos competidores quanto daqueles que testemunham o duelo musical. Ele faz a seguinte descrição da cena em que Jakov, o operário, canta na boca do caçador:

> A alma russa, verdadeira e ardente, brotava e se espalhava naquela voz, capturava o coração, capturava, concretamente, o que havia da essência russa. O canto ecoava, fluía. Jakov estava visivelmente bêbado: não sentia mais medo, abandonava-se completamente à felicidade; sua voz não tremia mais, mas vibrava com aquele tremor íntimo e quase imperceptível da paixão, que penetra como uma flecha no coração de quem escuta, e se tornava mais forte, mais firme, mais ampla. Lembro-me do dia em que eu estava, na maré alta, em uma praia onde as ondas quebravam com agitação. Uma gaivota de asas brancas desceu para se empoleirar perto de mim. Ela estava voltada para o mar coberto de caramujos e, de tempos em tempos, abria suas grandes asas como se estivesse saudando as ondas e o sol. Essa lembrança me veio à mente enquanto eu ouvia Jakov. Ele cantava sem se lembrar de seu rival ou de qualquer um de nós, mas visivelmente incentivado, como um corajoso nadador através das ondas, pelo nosso consenso silencioso e apaixonado. Ele cantou, e cada nota de sua voz inspirou algo que era intimamente nosso. As lágrimas já brotavam em meus olhos, quando alguém começou

a soluçar perto de mim. Olhei ao redor: a esposa do dono da estalagem chorava, encostada na janela. Jakov olhou rapidamente para ela e sua voz ficou ainda mais alta, ainda mais doce. Nikolaj Ivanic abaixou a cabeça, Morgac virou as costas; Obalduj, completamente comovido, ficou com a boca estupidamente aberta; o camponês cinzento soluçava em seu canto; até mesmo no rosto implacável de Dikij-Barin, sob as sobrancelhas unidas, uma lágrima caía lentamente; o homem de negócios havia levado o punho à testa e não se moveu.... Não sei como tudo acabaria se Jakov não tivesse terminado de repente com uma nota aguda e muito sutil, quase como se sua voz tivesse falhado. Ninguém gritou, ninguém se mexeu; parecia que todos estavam esperando ouvi-lo cantar novamente; mas ele abriu os olhos, como se estivesse surpreso com o nosso silêncio, olhou ao redor com uma expressão de interrogação e entendeu que a vitória era sua.

Que bela maneira de mostrar a dignidade dessas pessoas que têm uma sensibilidade artística talvez ausente nos luxuosos palácios de São Petersburgo e Moscou!

Além da sensibilidade artística, alguns servos têm profundidade espiritual. Em um relato comovente, chamado *Relíquia viva*, Turguêniev conta a história de uma criada, Lukéria, que havia servido na casa do caçador quando ele era criança. Ele a encontra prostrada em uma pobre *isbá* de uma aldeia bastante isolada. Depois de um acidente, ela tinha ficado praticamente inválida. Sua senhora, a mãe do caçador, a mandara para o hospital, mas os médicos não conseguiram curá-la. Como resultado, a criada foi enviada para a aldeia, onde moravam alguns parentes. A situação de Lukéria é trágica: ela está deitada no chão há sete anos e precisa se manter sempre nessa posição. As pessoas da aldeia a ajudavam em suas necessidades e, de tempos em tempos, ela recebia visitas. O que impressiona em Lukéria é que ela está satisfeita com sua situação, não reclama e acha que há pessoas em situação mais difícil do que a dela. Ela conta ao caçador alguns sonhos que teve. Em um deles, Cristo aparece para ela: Lukéria é levada para o céu, e na Terra permanece um cachorro que estava sempre de mau humor e a mordia. A serva interpreta o sonho dizendo que o cachorro é a sua doença, que não a acompanhará na próxima vida, na qual ela, finalmente, encontrará a felicidade completa. E dizemos "completa" porque, apesar de tudo, Lukéria é feliz.

> Eu faço as minhas orações — acrescenta a serva. Mas não sei muitas. E, além disso, por que eu deveria incomodar nosso Senhor? O que poderia lhe pedir? Ele sabe melhor do que eu o que é bom para mim. Ele me enviou uma cruz: isso significa que me ama. É assim que devemos entender isso. Eu rezo o Pai-nosso, o hino à Senhora, o salmo de louvor de todos os que sofrem, e depois não penso em nada. E estou bem!

O caçador se comove. Oferece levá-la a outro hospital, chamar um médico, dar tudo o que ela precisar, mas Lukéria recusa, emocionada, todas essas ofertas:

> Não preciso de nada; estou feliz com tudo, graças a Deus. Que Deus dê saúde a todos. E o senhor se conseguisse convencer sua mãe a reduzir o imposto, nem que fosse só um pouquinho... aqui os camponeses são muito pobres, não têm terra suficiente, não têm conforto... Todos eles rezariam a Deus pelo senhor... Mas eu não preciso de nada, estou feliz com tudo.

Algumas semanas depois, o caçador fica sabendo que Lukéria deixou este mundo.

Com suas histórias, Turguêniev despertou a consciência de muitos leitores para a igual dignidade de todas as pessoas e para a riqueza espiritual oculta em cada ser humano, por mais pobre ou ignorante que fosse. Também chamou a atenção para a injustiça da estrutura social do campo russo e preparou as mudanças que ocorreriam na década de 1860. Além de sua importância circunstancial, *Memórias de um caçador* coloca o dedo na ferida do preconceito de classe e na necessidade de nos perguntarmos continuamente sobre a justiça nas relações sociais. A opressão, infelizmente, não foi um patrimônio exclusivo da Rússia tsarista.

O conflito de gerações

Em *Pais e filhos*, Turguêniev nos apresenta um conflito entre duas gerações de russos cultos: os que mantêm uma visão conservadora da estrutura social, baseada em princípios tradicionais, e os que se revoltam contra essas tradições e costumes e anseiam por mudanças. Embora o enredo do romance tenha como cenário os anos imediatamente anteriores à abolição da servidão, a mensagem que nos transmite tem uma dimensão que supera a conjuntura histórica: trata-se da natural tensão entre as gerações, fenômeno universal e que todos nós, de uma maneira ou de outra, experimentamos em nossas próprias vidas.

Pais e filhos é a primeira obra literária que fala dos niilistas. O personagem que chama mais a atenção é Bazárov, um jovem niilista que não acredita em nada e que pensa que é preciso revolucionar tudo. Ele tem estudos em ciências naturais e passa grande parte do tempo dissecando rãs e olhando pelo microscópio. É um admirador do positivismo alemão, mas não "acredita" na ciência. Arkádi, um amigo filho de nobres, define Bazárov como um niilista e explica: "O niilista é uma pessoa que não se curva diante de nenhuma autoridade, que não admite nenhum princípio aceito sem provas, com base na fé, por mais que esse princípio esteja cercado de respeito."[5] Assim, Bazárov despreza o casamento, tudo aquilo que cheire a romantismo, a fé em Deus e os costumes sociais. O choque com o pai e com o tio de Arkádi, Nikolai e Pável Kirsánov, em cuja grande casa rural se hospeda por um bom tempo, é inevitável. Em particular, ele entrará em conflito

---

5   Ivan Turguêniev, *Pais e filhos*, São Paulo, Companhia das Letras, 2021, p. 41. [N. T.]

com o tio Pável, um aristocrata e dândi à inglesa, que acreditava nos princípios aristocráticos. Eles chegam a se desafiar para um duelo.

O tema do conflito entre gerações, como dissemos, é sempre atual. O próprio Nikolai — pai de Arkádi — reconhece que, nas relações com sua mãe, lhe explicava que ela não poderia entendê-lo porque ele pertencia a outra geração. Turguêniev, no entanto, não é um populista que dá razão aos jovens. A figura de Bazárov não desperta admiração, mas, sim, pena. Desdenhando de tudo e sem confiar em nenhuma verdade, ele se isola dos outros — inclusive de seus pais, dois russos tradicionais cheios de bons sentimentos pelo filho, que, no entanto, não conseguem compreendê-lo — e, embora pense que entenda as classes trabalhadoras, no fundo, ele também as despreza e é desprezado por elas:

> Às vezes, Bazárov se dirigia ao povoado e, com seu habitual ar de zombaria, travava conversa com algum mujique.
> — Pois bem — dizia —, explique para mim sua maneira de ver a vida, irmão; afinal, dizem que em vocês está toda a força da Rússia, que a partir de vocês começará uma nova era na história, que vocês nos darão a língua autêntica e as leis verdadeiras. — O mujique, ou não respondia, ou pronunciava palavras como estas:
> — Bem, nós podemos... também, porque, sabe... nossa situação, por exemplo, ficou...
> — Você poderia me explicar, e muito bem explicadinho, como é o seu mundo? — interrompia

Bazárov. — Esse mundo não é o mesmo que é sustentado por três peixes?

— Esta terra, patrãozinho, está em cima de três peixes, sim — explicava o mujique tranquilamente, com uma melodia patriarcal e bondosa na voz. — Mas o nosso mundo é diferente, como todos sabem, e depende da vontade dos senhores de terra; porque os senhores são os nossos pais. E, quanto mais severo for, mais será amado pelo mujique.

Certa vez, depois de ouvir tais palavras, Bazárov encolheu os ombros com desprezo, deu as costas e foi embora, enquanto o mujique se pôs a arrastar os pés de volta para sua casa.

— Do que ele estava falando? — perguntou-lhe de longe, na soleira da sua isbá, um outro mujique, de meia-idade e de aspecto taciturno, que havia presenciado a conversa entre ele e Bazárov. — Sobre pagamentos atrasados?

— Que atrasados que nada, meu irmão! — respondeu o primeiro mujique e, na sua voz, já não havia nenhum traço de melodia patriarcal mas, ao contrário, percebia-se uma rudeza negligente. — Ficou tagarelando sei lá o quê; estava com vontade de coçar a língua. Você sabe como é um fidalgo; por acaso eles entendem de alguma coisa?

— Que entendem nada! — respondeu o outro mujique, e depois de sacudirem seus gorros e apertarem os cinturões, os dois passaram a conversar sobre os seus afazeres e as suas necessidades. Quem diria! Bazárov, que encolhia os ombros com pouco-caso, que sabia como falar com os mujiques (conforme se gabara na discussão com Pável Petróvitch), esse mesmo Bazárov tão seguro de si nem desconfiava que, aos olhos dos mujiques, não passava de uma espécie de palhaço…[6]

---

6   Ivan Turguêniev, *Pais e filhos*, São Paulo, Companhia das Letras, 2021, pp. 255-56. [N. T.]

Bazárov, entretanto, passa por uma certa transformação. Uma ideologia tão anti-humana quanto o niilismo não pode ser vivida até suas últimas consequências se, pelo menos, alguma consciência da dignidade pessoal for mantida. Ele reconhece que ama seus pais e algumas mulheres. Por outro lado, morre depois de ajudar a realizar uma autópsia em um paciente com tifo: durante a operação, ele se corta e pega a doença mortal.

É Arkádi quem sofre a mudança mais profunda. No início do romance, ele se apresenta como um discípulo de Bazárov, cujas ideias ousadas e revolucionárias admira. Mas, pouco a pouco, ele se dá conta das limitações da realidade. A mudança mais radical ocorre quando ele se apaixona por Kátia. Nessa jovem, ele descobre valores espirituais que o fazem mudar substancialmente sua atitude. Vamos ler as palavras de Arkádi para Kátia em sua declaração de amor:

> — Não sou mais aquele menino petulante que eu era ao chegar aqui — prosseguiu Arkádi.
> — Não é à toa que fiz vinte e três anos; como antes, desejo ser útil, desejo dedicar todas as minhas energias à verdade; mas já não procuro meus ideais onde antes procurava; eles me parecem... muito mais próximos. Até então, eu não me compreendia, me atribuía tarefas além das minhas forças... Meus olhos se abriram, há pouco, graças a um único sentimento... Não me expresso com total clareza, mas espero que a senhora me compreenda...[7]

---

7   Ivan Turguêniev, *Pais e filhos*, São Paulo, Companhia das Letras, 2021, pp. 244-45. [N. T.]

Ele se consagra à verdade, mas abandona a ideologia estéril e dedicará o resto de sua vida a melhorar humildemente o mundo ao seu redor. Se casa com Kátia, tem filhos, trabalha como administrador na fazenda de seu pai e, pouco a pouco, dignifica o ambiente em que vive. O amor sincero exerce sobre ele um poder de redenção. Ghini, de modo acertado, afirma que o amor

> [...] revelou a Arkádi um novo conhecimento sobre si mesmo, sobre seu futuro e seu destino [...]. Superou todas as durezas do racionalismo e do utilitarismo em um *ethos* organizado em torno de um novo *ordo amoris*. O Arkádi marido, pai e administrador de sua fazenda que encontramos no fim do romance não é um personagem derrotado, um ex-incendiário que, infelizmente, se transformou em um bombeiro. Pelo contrário: Turguêniev nos apresenta como um realista que está mudando, de fato, o mundo. Ele pode se dedicar à verdade somente porque abandonou a arrogância do ideólogo, começou a buscar ideais mais próximos e estabeleceu para si mesmo missões realizáveis. Arkádi não é o resignado coveiro do ideal de juventude, mas sim o eficiente realizador de um ideal que vale a pena perseguir nesta vida.[8]

O romance termina ressaltando que, apesar das mudanças das gerações, há certos valores que permanecem: o verdadeiro amor — demonstrado pelo casamento de Nikolai, que era viúvo, com sua amante, e de seu filho Arkádi com Kátia — e a esperança

---

8   Ghini, *op. cit.*, p. 97.

da vida eterna. Os último parágrafos de *Pais e filhos* mencionam as visitas que fazem os pais de Bazárov ao túmulo de seu filho:

> Ali, vindos de um vilarejo próximo, não raro chegam dois velhos já decrépitos — marido e mulher. Escorando-se um no outro, caminham em passos cada vez mais pesados; aproximam-se da grade, cambaleiam e põem-se de joelhos, e choram amarga e demoradamente, olham atenta e demoradamente para a pedra muda, sob a qual jaz seu filho; trocam palavras breves, espanam a poeira da pedra, ajeitam um ramo do abeto e rezam outra vez, não conseguem deixar esse local, onde parecem mais perto do filho, das lembranças dele... Será que suas orações, suas lágrimas, são infrutíferas? Será possível que o amor, o amor abnegado, sagrado, não seja onipotente? Ah, não! Por mais exaltado, pecador e rebelde o coração oculto no túmulo, as flores que crescem sobre ele olham para nós serenas, com seus olhos inocentes: não nos falam apenas de uma paz eterna, da grande paz da natureza "indiferente"; falam também da reconciliação eterna e da vida infinita...[9]

* * *

Em 1860, em São Petersburgo, Turguêniev profere um famoso discurso, intitulado *Hamlet e Dom Quixote*. Como era o mais ocidental dos autores analisados neste livro, considero oportuno terminar

---

9   Iván Turguêniev, *Pais e filhos*, São Paulo, Companhia das Letras, 2021, p. 277. [N. T.]

este capítulo com o olhar de um russo para esses dois personagens gigantes da literatura europeia ocidental.

Para Turguêniev, todas as pessoas seguem, consciente ou inconscientemente, os dois modelos existenciais que representam os personagens de Shakespeare e de Cervantes. Hamlet é "a expressão da força centrípeta fundamental da natureza, em função da qual todo ser vivo se considera o centro da criação e contempla todos os demais como se existissem apenas para ele."[10] Por outro lado, Dom Quixote representa a força centrífuga, "cuja lei faz todas as criaturas existirem apenas para o outro". Esta última atitude implica um "princípio da lealdade e do sacrifício, iluminado, como já dissemos, por uma luz cômica — a fim de não perturbar os mais delicados."[11]

Embora o autor de *Pais e filhos* defenda que as duas atitudes são necessárias para a existência humana, nota-se, quando trata dos dois personagens, uma clara preferência pelo engenhoso fidalgo.

> O que expressa Dom Quixote em si mesmo? Observemo-lo não com esse olhar apressado que se detém nas superfícies e em miudezas. Não veremos em Dom Quixote apenas cavaleiro da triste figura, imagem criada para ridicularizar os velhos romances de cavalaria;

---

[10] Iván Turguêniev. "Hamlet e Dom Quixote". In: *Pais e filhos*, São Paulo, Companhia das Letras, 2021. pp. 279-301.
[11] *Ibidem*, p. 292.

sabe-se que o significado desse personagem se ampliou graças ao toque pessoal do seu imortal criador e que o Dom Quixote da segunda parte, o amável interlocutor de duques e duquesas, o sábio mentor do escudeiro-governador, já não é o mesmo Dom Quixote que nos foi apresentado na primeira parte do romance, sobretudo no início, não é mais aquele excêntrico ridículo e estranho, sobre o qual se derramam pancadas em profusão; por isso tentemos penetrar na essência da questão. Vamos repetir: o que expressa Dom Quixote em si mesmo? A fé, antes de tudo; a fé em algo eterno, inabalável, a fé na verdade, numa palavra, numa verdade que se encontra fora da pessoa isolada, porém que se entrega facilmente a ela, que exige cultos e sacrifícios, mas um culto acessível e constante, e sacrifícios de peso. Dom Quixote está inteiramente compenetrado da fidelidade ao ideal, em cujo nome é capaz de sofrer todas as privações possíveis e de sacrificar a vida; à sua própria vida, ele só dá valor na medida em que pode servir como um meio para encarnar o ideal, para instaurar a verdade, a justiça, na terra. Alguém me dirá que esse ideal foi extraído do mundo fantástico dos romances de cavalaria pela imaginação perturbada do herói; de acordo — e exatamente nisso reside o aspecto cômico de Dom Quixote; mas o próprio ideal perdura em toda sua pureza intocada. Viver para si, zelar por si mesmo — Dom Quixote consideraria uma vergonha. Ele vivia inteiramente (se posso me expressar desse modo) fora de si, para os outros, para seus irmãos, para o aniquilamento do mal, para a luta contra as forças inimigas da humanidade — contra os feiticeiros, os gigantes, ou seja, contra os opressores. Não há nele nenhum traço de egoísmo, não zela por si mesmo, todo ele é abnegação — avaliem bem esta palavra! —, ele crê, crê com firmeza e sem pensar duas vezes. Por isso é intrépido, pertinaz, contenta-se com a mais minguada das refeições, com o mais mísero dos trajes: nada disso lhe importa. De coração humilde, tem alma nobre e corajosa; sua devoção comovente não tolhe sua liberdade; a vaidade lhe é estranha, ele não duvida de si mesmo, de sua vocação, nem de sua força física; sua vontade é inflexível. A constante aspiração a um só objetivo confere uma certa uniformidade aos seus pensamentos, uma unilateralidade ao seu intelecto; sabe pouca coisa, e nem precisa saber muito: sabe qual a sua missão, para que vive na terra, e esse é o conhecimento que importa. Dom Quixote pode parecer ora totalmente louco, porque mesmo a materialidade mais indubitável desaparece diante de seus olhos, derrete como cera no fogo do seu entusiasmo (ele, de fato, vê mouros vivos em bonecos de pau, cavaleiros andantes em carneiros); ora um homem limitado, porque não é capaz de compartilhar, com leveza, nem a compaixão nem o deleite; mas ele, como uma árvore longeva, lançou raízes profundas no solo e não está em condições nem de alterar sua convicção nem de se transportar de um assunto para outro; a solidez da sua constituição moral (notem que esse cavaleiro errante desvairado é a criatura mais moral do mundo) confere uma força especial e uma certa majestade a todos os seus atos e palavras, a toda sua figura, a despeito das situações cômicas e vexatórias em que recai sem cessar... Dom Quixote é um entusiasta, o servo de uma ideia e, por isso, reluz sob o halo dessa ideia.[12]

E o que representa Hamlet?

A análise, antes de tudo, e o egoísmo, e por isso a incredulidade. Ele vive totalmente para si, é um egoísta; mas nem o egoísta pode crer em si mesmo; só se pode crer no que está fora de nós e acima de nós. Porém

---

12 Iván Turguêniev. "Hamlet e Dom Quixote". In: *Pais e filhos*, São Paulo, Companhia das Letras, 2021, pp. 279-301, pp. 281-83. [N. T.]

esse eu em que ele não crê é caro a Hamlet. Esse é o ponto de partida, para o qual ele retorna sem cessar, porque não encontra em todo o mundo nada a que sua alma possa aderir; é um cético — e vive eternamente preocupado consigo e obcecado por si mesmo; o que o ocupa não é o seu dever mas sim a sua situação. Ao duvidar de tudo, Hamlet, é claro, não poupa nem a si; seu intelecto é desenvolvido demais para satisfazer-se com aquilo que encontra em si mesmo: está consciente de sua fraqueza, mas qualquer consciência de si mesmo é uma força; daí decorre a sua ironia, o oposto do entusiasmo de Dom Quixote. Hamlet, com prazer, com exagero, injuria a si mesmo, observa-se sem cessar, mirando eternamente o seu interior, conhece em pormenores todos os seus defeitos, despreza-os, despreza a si mesmo — e ao mesmo tempo, por assim dizer, vive, alimenta-se desse desprezo. Não acredita em si — e é vaidoso; não sabe o que quer nem para que vive — mas está preso à vida...[13]

Iván Serguêievitch Turguêniev demonstra que é possível ser profundamente russo e universal ao mesmo tempo. Sua análise dos personagens de outras tradições literárias também mostra como os clássicos abordam os grandes temas da existência humana. Deixemos Turguêniev para nos dedicar a dois dos maiores expoentes da literatura russa: Dostoiévski e Tolstói. Na imensa galeria de personagens de suas novelas, muitos se identificarão com o Hamlet de Turguêniev; outros, com seu Dom Quixote.

---

13 Ivan Turguêniev. "Hamlet e Dom Quixote". In: *Pais e filhos*, São Paulo, Companhia das Letras, 2021, pp. 279-301, p. 283. [N. T.]

5.

Fiódor Dostoiévski:
a consciência atormentada
(1821-1881)

Fiódor Dostoiévski nasceu em Moscou, em 1821. Sua mãe era uma mulher carinhosa, que morreu quando ele tinha dezesseis anos. Seu pai, médico, foi uma pessoa autoritária e rígida, que depois da viuvez ficou ainda mais intolerável, entregando-se ao alcoolismo. Ao saber de sua morte, assassinado pelos servos da casa de campo, Dostoiévski sofre uma crise moral: como nunca o amara e desejava que morresse, enche-se de culpa — uma ferida que carregará para sempre em sua consciência, e que menciona em *Os irmãos Karamázov*, obra em que tudo gira em torno de um parricídio.

Depois de completar os estudos em Moscou, com preceptores e como interno em um instituto, Fiódor vai a São Petersburgo para estudar na Escola de Engenharia, junto com seu irmão mais velho, Mikhail. O futuro escritor, que havia lido muito em sua infância e adolescência, não se sente bem na escola e começa a escrever enquanto estuda. Em 1864, publica sua primeira obra, *Gente pobre*, bem recebida pela crítica e na qual descreve, a partir de uma perspectiva psicológica, a vida das pessoas miseráveis da cidade. Nekrasov, um dos escritores mais famosos daqueles anos, diz ao crítico Bielínski, o árbitro da literatura russa: "Temos um novo Gógol". Os primórdios de sua fama lhe sobem à cabeça, mas as produções seguintes não agradam aos críticos, e nosso autor entra em conflito com o mundo dos salões, no qual havia ingressado depois de seu primeiro romance. Nesse período, sofre os primeiros ataques de epilepsia, uma doença com a qual conviverá até a morte.

Dostoiévski relacionava-se com grupos intelectuais de ideias socialistas, como o círculo social-político de Petrashévski. O aparelho repressivo do tsar Nicolau I, com espiões que se faziam passar por membros, descobre o grupo ao qual ele pertencia: depois de oito meses na prisão de São Pedro e São Paulo, Dostoiévski é condenado à morte junto com outros correligionários em 1849. Poucos momentos antes da execução, quando os condenados já estavam na parede e o pelotão de fuzilamento pronto para atirar, anuncia-se que a sentença havia sido comutada para pena de prisão na Sibéria e prestação de serviço militar. Foi uma encenação cruel, preparada ou, pelo menos, autorizada pelo próprio tsar. Dostoiévski nunca esquecerá esse momento e fará alusão a ele em passagens de *Crime e castigo* e *O idiota*.

Ele passa quatro anos no presídio de Omsk, na companhia de presos que haviam cometido crimes graves. As circunstâncias, tanto material quanto espiritualmente, eram duras. Sempre mantinha consigo um exemplar dos Evangelhos, que havia recebido logo que entrou na prisão, e embora sua fé fosse vacilante e atormentada, ele se apaixona pela figura de Cristo. A experiência desses anos difíceis, que marcam um antes e um depois em sua vida, aparece refletida em *Escritos da casa morta*[1] (1861).

Uma vez cumprida a condenação como presidiário, Dostoiévski tem de cumprir o serviço militar como segunda parte da pena, e passa a viver em uma pequena aldeia onde hoje é o Cazaquistão — Semipalatinsk.[2] Nesse lugar, conhece e se apaixona por Maria Dmitriévna Issáieva, com quem se casa depois que ela perde o primeiro marido. Ela hesitava em casar-se, mas, assim que o faz, percebe as limitações de caráter de Fiódor e, principalmente, seu delicado estado de saúde, já que os ataques epiléticos se tornam cada vez mais frequentes. Maria não demorará a ficar doente, e o casal Dostoiévski nunca será feliz.

A morte do tsar Nicolau traz novas possibilidades tanto para a Rússia quanto para o escritor. Ele consegue se formar como oficial no exército e lhe permitem retornar à Rússia europeia. Primeiro, irá a Tver, para depois, com permissão do tsar Alexandre II, mudar-se para São Petersburgo. Lá, junto com

---

[1] Também conhecido como *Recordações da casa dos mortos*. [N. T.]
[2] Denominação da cidade até 2007; atualmente seu nome é Semei. [N. T.]

seu irmão Mikhail, dedica-se à atividade literária. Os dois fundam uma revista, *Tempo*, que terá relativo sucesso. Fiódor escreve a declaração programática da revista, na qual se coloca ideologicamente entre os liberais ocidentais e os eslavófilos reacionários. Eram necessárias reformas na Rússia, que estavam sendo realizadas pelo novo tsar, mas, ao mesmo tempo, era preciso permanecer fiel à identidade nacional russa. A experiência na Sibéria permitiu que Dostoiévski se relacionasse com o povo russo, sofresse suas humilhações e tivesse esperança em suas virtudes. Impressiona-se com a resiliência do povo, que confiava em Cristo, apesar da ignorância religiosa da maioria da população sobre os dogmas da Igreja.

Na revista, ele publica, em capítulos, o romance *Humilhados e ofendidos*, mal-recebido pela crítica da época; mas suas lembranças da Sibéria — *Escritos da casa morta* — lhe devolvem a fama. Cansado dos esforços envolvidos no trabalho literário e na coordenação da revista, faz sua primeira viagem à Europa Ocidental. Paris, Londres, Genebra e outras cidades suíças e italianas lhe dão uma visão geral da cultura ocidental. Para Dostoiévski, essa cultura estava doente de "progresso", e ele a considerava superficial; a compara com a riqueza espiritual do povo russo, a quem começa a atribuir um papel messiânico.

A revista *Tempo* é censurada por um artigo sobre a revolução na Polônia em 1863. Cansado de seu matrimônio, o escritor se apaixona por Paulina Súslova, uma livre-pensadora que não acreditava em nada. Ele a conhece em Paris, para onde Paulina havia ido antes de Fiódor. Durante sua ausência, ela se apaixona por um espanhol e confessa a Dostoiévski que não o ama. Mesmo assim, Paulina o acompanha pela Alemanha e Itália. Nessa viagem, Dostoiévski tenta a sorte na roleta em várias cidades alemãs e se deixa levar pela paixão do jogo. Tanto esse vício quanto seu amor não correspondido por Paulina aparecem em seu romance *Um jogador*.

Totalmente arruinado pelo dinheiro que perdeu nos cassinos alemães, Dostoiévski retorna sozinho a São Petersburgo. Sua mulher está muito doente e ele a acompanha até Moscou, onde o clima ameno poderia ajudá-la. Mas Maria perde a cabeça e cai em um delírio extremo. Nosso autor tem de viver entre Moscou e São Petersburgo, onde ele e seu irmão Mikhail decidem fundar uma nova revista, a *Época*.

Em 1864, publica outra obra, de grande densidade: *Memórias do subsolo*. Esse livro marca a segunda etapa da carreira literária de Dostoiévski: se, na primeira, ele descreveu o sofrimento dos pobres, dos humilhados e dos presidiários, e suas obras eram dominadas por uma ideologia humanitária, com elementos socialistas e liberais, a partir de agora, ele mergulha nas profundezas da alma humana e nas tragédias que podem resultar de uma liberdade arbitrária e tirânica. Esse será o tema principal de seus romances mais famosos: *Crime e castigo*, *O idiota*, *Os demônios* e *Os irmãos Karamázov*.

Meses depois da morte de sua esposa, em abril de 1864, seu irmão Mikhail falece em julho do mesmo ano. Dostoiévski decide cuidar da família de seu irmão e quer honrar as dívidas deixadas por ele com a revista *Época*. Desesperado, assina um contrato leonino, cujas cláusulas o obrigam a entregar ao editor um novo romance em determinado período de tempo. Foi nessas circunstâncias que escreveu *Um jogador* e o primeiro de seus grandes romances, *Crime e castigo* (1866). Ele se casa novamente com a taquígrafa que o ajudava a escrever, Anna Grigorievna, vinte anos mais nova: ela foi seu anjo da guarda. Anna consegue colocar um pouco de ordem nos papéis do marido, ao mesmo tempo em que lhe dá importante apoio afetivo. Em razão das dívidas, ele precisa deixar a Rússia e passa quatro anos com Anna em vários países da Europa ocidental, principalmente na Alemanha, na Suíça e na Itália.

Os anos de exílio foram marcados pela pobreza extrema, jogos de azar — o que levou Dostoiévski a circular pelas roletas da Europa Central — e o nascimento de suas duas filhas. A primeira, Sônia, morre logo após o nascimento, em 1868. A imensa alegria que sua filha lhe proporcionou se transforma em uma profunda tristeza. No ano seguinte, porém, nasce Amada, saudável e forte, que sobreviverá. Os altos e baixos da fortuna fazem com que ele escreva intensamente em certos períodos, mas não consiga trabalhar por meses seguidos. O apoio de sua esposa, que sofria intensamente com a ludopatia do marido e o agravamento de sua epilepsia, foi admirável. Em 1868, ele publica *O idiota* e, três anos depois, *Os demônios*. Esse romance deveria fazer parte de uma obra maior, intitulada *A vida de um grande pecador*, mas que nunca passou de um projeto, embora tanto *O adolescente* quanto *Os irmãos Karamázov* tenham sido incluídos no esboço. Sua fama cresce e ele consegue retornar à Rússia com o dinheiro que seus editores lhe deram como adiantamento. Nosso escritor havia aprofundado sua visão crítica da cultura europeia e desejava voltar à sua terra natal. Poucos dias depois da chegada a São Petersburgo, em julho de 1871, nasce seu filho Fiódor. Em 1875, ele publica *O adolescente*. No mesmo ano, nasce outro filho, Alexis, que morre em 1878.

No último período de sua vida Dostoiévski se dedica, com grande entusiasmo, a redigir os artigos de *Diário de um escritor*. A princípio, eles são publicados em uma seção do jornal *O cidadão*, do qual foi editor por certo tempo; posteriormente, ele publica uma revista própria com esse mesmo título. Nela, nosso autor discute todos os tipos de temas da vida russa e, em especial, apresenta-se como o grande defensor da ideia messiânica de seu povo. Se exalta com a guerra nos Bálcãs, que vê como uma ajuda da Rússia a seus irmãos ortodoxos contra o Império Otomano.

O povo russo é cristadelfiano, ou seja, portador de Cristo, e levará a salvação para toda a humanidade. Essas ideias nacionalistas foram expressas com força especial em 1879, quando ele fez um discurso em Moscou em homenagem a Púchkin. Dostoiévski foi aclamado e considerado um profeta.

No final da década de 1880, publica-se a maior obra de Dostoiévski, *Os irmãos Karamázov*, na qual todos os temas de sua visão de mundo estão presentes: a liberdade, a maldade, o significado da existência. Ele passou três anos escrevendo o romance. Em janeiro de 1881, depois de publicar essa grande obra, morre em São Petersburgo, aos cinquenta e nove anos. Sua morte causa uma grande comoção, e seu funeral é assistido por 30 mil pessoas. Em seus últimos momentos, a religião o confortou: confessou-se, recebeu a Sagrada Comunhão e leu o Evangelho. Sua viúva dedicou-se a organizar todos os documentos do marido e incentivou a publicação de suas obras completas. Embora consiga viver confortavelmente com os *royalties* que recebia pelas obras de Dostoiévski, ela morre na penúria em 1918, em Yalta, em meio ao caos da Revolução Russa, profetizada por Fiódor em *Os demônios*.[3]

A vida de Dostoiévski é tão trágica quanto sua obra. Condicionado por doenças, perseguido por credores, lutando com suas paixões — uma fé atormentada,

---

3   Cf. Henri Troyat, *Dostoievsky*, Barcelona, Salvat, 1985. 2 vols.

uma sensualidade que transborda e uma propensão ao jogo — ele quase nunca teve um momento de paz. O mesmo se aplica a seus romances, nos quais é notável a ausência do "normal" e do "comum". "Entre Dostoiévski e seu destino" — escreve Stefan Zweig — "há uma luta incessante, uma espécie de hostilidade amorosa, todos os conflitos o aguçam dolorosamente, todos os contrastes aguçam seu doloroso senso de ruptura. A vida o faz sofrer porque o ama, e ele a ama porque ela o aperta até sufocá-lo, pois esse homem, em quem reside a maior sabedoria, sabe que na dor se guardam as maiores possibilidades de sentimento."[4]

Zweig, junto com outros autores, defende que a epilepsia é a chave para compreender alguns aspectos de sua obra: aqueles instantes de luz que se produzem nos enredos dos romances e que prenunciam a hecatombe que se seguirá. De acordo com o testemunho do próprio Dostoiévski, "ninguém em sã consciência pode sequer suspeitar do sentimento de felicidade que surge no epiléptico um segundo antes do ataque."[5] Em *Os demônios*, Kiríllov comenta com Chátov que, de tempos em tempos, experimenta sensações estranhas:

> — Existem segundos — apenas uns cinco ou seis — em que, de repente, você sente a presença de

---
4   Stefan Zweig, *Tres maestros*, Barcelona, Juventud, 1987, p. 118.
5   *Ibidem*, p. 123.

uma harmonia eterna plenamente alcançada. Não é nada deste mundo; não estou dizendo que seja algo divino, mas que o homem, como ser terreno, não consegue lidar com isso.

Chátov responde:

— Cuide-se, Kiríllov. Ouvi dizer que é assim que os ataques começam. Um epiléptico me descreveu em detalhes essa sensação que antecede um ataque, tal qual você o fez. Ele também me disse que durou cinco segundos e que era impossível suportar por mais tempo. Lembre-se do cântaro de Maomé, do qual não caiu uma gota de água enquanto o Profeta cavalgava pelo Paraíso. O cântaro são esses mesmos cinco segundos. Isso se parece muito com sua harmonia, e Maomé era epiléptico. Cuide-se, Kiríllov, isso é epilepsia!

Longe da harmonia universal vivida por Kiríllov, o autor de *Crime e castigo* faz com que seus personagens se movam por abismos e precipícios, em estados psicológicos extremos. O leitor de suas obras deve estar preparado para isso: Dostoiévski não ajuda a descansar depois de um dia cheio de problemas. Zweig escreve: "Não podemos negar, nem esconder ou disfarçar: a relação de Dostoiévski com seus leitores não é uma conversa amigável e plácida, mas um verdadeiro duelo, repleto de instintos perigosos, voluptuosos e cruéis."[6]

A obra de Dostoiévski tem sido objeto de muitos estudos, porque estamos lidando não apenas com

---
6   *Ibidem*, p. 183.

um grande romancista, mas também com um grande pensador. Analisaremos algumas das ideias básicas de Dostoiévski e, em seguida, apresentaremos alguns dos personagens de suas obras fundamentais que incorporam essas ideias. Todas as análises a seguir se concentram nas obras publicadas após 1864, ou seja, depois de *Memórias do subsolo*, quando Dostoiévski abandonou o humanitarismo sentimental e desenvolveu sua trágica antropologia centrada na dialética entre o bem e o mal.

Nikolai Berdiaev, um dos mais intuitivos estudiosos do pensamento do romancista russo, afirma que

> [...] as ideias desempenham um papel central significativo na obra de Dostoiévski, e a brilhante dialética das ideias ocupa um lugar não menos importante do que sua excepcional psicologia. A dialética das ideias é um gênero único em sua arte. Com sua arte, ele penetra nos princípios da vida das ideias, e a vida das ideias perpassa sua arte. Vivem organicamente nele, têm seu inevitável destino vital. A vida das ideias é dinâmica, não há nada de estático nela, não há interrupção ou estagnação, e Dostoiévski investiga seus processos dinâmicos. Um turbilhão visceral de ideias surge de seu trabalho. A vida das ideias ocorre em uma atmosfera quente e intensa — Dostoiévski não tem ideias tímidas, nem está interessado nelas. De fato, em Dostoiévski há algo do espírito de Heráclito. Nele, tudo é intenso e dinâmico, tudo está em movimento, em contradição e luta. As ideias de Dostoiévski não são categorias petrificadas e estáticas, são correntes ardentes. Todas as suas ideias estão ligadas ao destino dos seres humanos, ao destino do mundo, ao

destino de Deus. As ideias determinam o destino. Elas são profundamente ontológicas, existenciais, vivas e dinâmicas. Nelas, está concentrada e oculta a energia destrutiva da dinamite, e Dostoiévski mostra como a explosão dessas ideias destrói e traz a morte, mas na ideia também está concentrada e oculta uma energia ressuscitadora e regeneradora. O mundo das ideias em Dostoiévski é um mundo completamente particular, extraordinariamente singular, muito diferente do mundo das ideias de Platão.[7]

Na obra de Dostoiévski, tudo gira em torno do mistério dos seres humanos e de seu relacionamento com Deus. Para lidar com esse mistério, o escritor penetra na interioridade atormentada de seus personagens principais. Há poucas descrições exteriores, porque o que lhe interessa é a tragédia de uma alma confrontada com o uso da liberdade, embora ele deva necessariamente situar seus personagens em um determinado espaço, tempo e estrutura social.

Com relação ao espaço, as descrições da natureza, tão comuns e belas na tradição literária russa, são praticamente ausentes em Dostoiévski. O que aparece em sua narrativa "são lugares que se referem ao homem, espaços interiores e espirituais, intimidade carregados de presença humana, caixas de ressonância para dramas interiores e tragédias secretas."[8] Assim, somos lembrados dos quartos alugados,

---

7 Nikolai Berdiaev, *El espíritu de Dostoievsky*, Granada, Nuevo Inicio, 2008, pp. 5-6.
8 Luigi Pareyson, "Dostoievski". *Filosofía, novela y experiencia religiosa*, Madri, Encuentro, 2008, p. 37.

pobres e sujos, com papéis velhos nas paredes e móveis fora de moda de Raskólnikov, Kiríllov ou dos Marmieládov. Dificilmente encontraremos em suas obras um lar cheio de luz e calor humano, como os que abundam nas obras de Austen, Dickens e, até mesmo, do próprio Tolstói.

O tempo, nos grandes romances de Dostoiévski, é sempre apressado. Seu ritmo nunca é plácido, calmo, sereno. Os eventos são precipitados, e as consequências não demoram a chegar. Pareyson escreve que: o tempo e o espaço de suas obras são muito diferentes dos reais e físicos: são espaços e tempos espirituais, lugares de dor e tragédia, minutos decisivos para todo um destino. O meio artístico, que imprime e representa sua concepção filosófica, constitui uma intensificação intencional do espaço e do tempo que gera um espaço superlotado e um tempo acelerado."[9] Além da situação espaço-temporal, as pessoas estão inseridas em uma comunidade, com suas tradições, crenças e costumes. Em suas obras, há um vasto retrato do povo russo. O homem ou a mulher do povo manifestam o que é genuíno, primitivo, essencial. Do ponto de vista do nosso autor, Deus está presente no povo, formado por mães que levam adiante suas famílias com esforço e fé, apesar da dor causada pela embriaguez e pela violência de seus maridos; por crianças cheias de bondade e

---

9 *Ibidem*, p. 39.

ingenuidade, que, caso sobrevivam aos primeiros anos de existência, as perderão rapidamente quando a vida lhes ensinar a dureza do coração humano; por aqueles camponeses rudes, que muitas vezes deixam suas paixões correrem soltas, mas que também se arrependem e se aproximam com lágrimas da imagem sagrado, que deixa transparecer brilhos dourados na penumbra dos templos ou das *isbás*, pouco iluminadas pela luz das velas.

Em Dostoiévski, tudo tem um significado religioso, e o "povo" — apesar de seus pecados — é o santo povo de Deus. Cristo está entre eles não como identificação panteísta, mas como Aquele que compartilha o destino de dor e sofrimento, e promete, através da aceitação das dores desta vida, um mundo melhor. Guardini afirma: "A existência do povo não é, em si mesma, considerada santa [...] mas está aberta, em todos os seus aspectos, à santidade; imediatamente, ao lado de seus limites, está Deus. Pode acontecer que, de um momento para o outro, o indivíduo mais corrupto, que está embriagado em uma taverna, comece a falar sobre Deus e o significado da vida. E o faz de forma tão profunda que não se pode deixar de ouvi-lo, porque ele, naquele momento, é digno de fé."[10] O *stárietz* Zossima, uma figura cativante de *Os Irmãos Karamázov*, diz: "Essas pessoas carregam Deus em seus corações".

---

10 Romano Guardini, *Il mondo religioso di Dostojevski*, Brescia, Morcelliana, 1951, p. 20.

E Chátov, em *Os demônios*, afirma que "aquele que não tem povo não tem Deus. Todos aqueles que deixam de compreender seu povo e perdem o vínculo com ele também se perdem e, na mesma medida, perdem a fé na pátria e acabam como ateus ou indiferentes".

Com o povo como pano de fundo — uma multidão de pessoas simples, pobres, resignadas, crentes, pecadoras e arrependidas —, as características dos protagonistas das narrativas são claramente delineadas. Nos grandes romances dostoievskianos, destaca-se um grupo de personagens muito bem caracterizados psicológica e espiritualmente até o fundo de suas almas. É o caso de Raskólnikov, em *Crime e castigo*, do príncipe Míchkin, em *O idiota*, de Viersílov, em *O adolescente*, de Stavróguin, Kiríllov e Chátov, em *Os demônios*, de Ivan, Dmitri e Alicha Karamázov, em *Os irmãos Karamázov* etc.

Esses personagens personificam ideias. Pareyson afirma que "os heróis de Dostoiévski são 'ideias personificadas', não temporárias e transitórias, como tantos indivíduos, ou abstratas e temporais, como conceitos, mas figuras nas quais o tempo e a eternidade estão indissoluvelmente unidos: uma eternidade que se manifesta em sua presença concreta na realidade visível, e um tempo concentrado em virtude de sua relação constitutiva com a eternidade. Os eventos dos personagens de Dostoiévski se desenrolam em um pano de fundo eterno: o verdadeiro acesso a seus romances se dá, precisamente, quando projetamos a narrativa contra esse pano de fundo de eternidade que a constitui em 'meta-história'".[11]

Berdiaev qualifica sua antropologia como "turbulenta". Chegando ao âmago da natureza humana, Dostoiévski está interessado no destino do ser humano em liberdade, quando ela se degenera em arbitrariedade. O ser humano não é um ser completamente racional: ele, com frequência, deseja o absurdo, e o faz porque tem consciência do "direito" de desejar o absurdo. É um rebelde, que rejeita o mundo dado. Muitos dos seus personagens têm uma vontade arbitrária, que julgam ser todo-poderosa e que se aproxima da imagem do homem-deus. Esses personagens semeiam o mal no mundo e são a causa da destruição dos laços sociais. Mas, ao mesmo tempo, a partir das profundezas da alma humana, o ser humano pode alcançar o Deus-homem, ou seja, Jesus Cristo, a única luz que pode nos dar uma visão de quem realmente somos. É possível tocar o fundo do abismo da alma que rejeita toda subordinação, mas a partir daí podemos ascender à luz. É por isso que o bispo Tíkhon afirma, em *Os demônios*, que "o ateu completo está no penúltimo degrau em direção à fé absoluta".

Berdiaev escreve: Esse caminho da liberdade leva ou ao homem-deus, e lá o homem encontra sua perdição, ou ao Deus-homem e, nesse caso, ele encontra sua

---

11 Pareyson, *op. cit.*, p. 43.

salvação e a confirmação definitiva de sua imagem terrena. Pois o ser humano só existe se for à imagem e semelhança de Deus, ele só existe se Deus existir. Se Deus não existir, se o homem se fizer Deus e não homem, sua própria imagem perecerá. O problema do homem não tem solução a não ser em Cristo.[12]

Estamos diante de uma perspectiva dinâmica, dialética e contraditória dos seres humanos, muito distante das visões do humanismo racionalista ou positivista.

Para Dostoiévski, a liberdade é o elemento essencial de sua visão de mundo. Entretanto, há dois tipos de liberdade: a escolha entre o bem e o mal e a liberdade no bem. No cristianismo, a liberdade final ou a liberdade no bem é personificada em Jesus Cristo, que afirmou que a verdade nos libertará e que Ele é a Verdade. É uma Verdade que deve ser acessada livremente, sem coerção. Nesse ponto reside a crítica de Dostoiévski ao catolicismo, que — de acordo com a perspectiva preconceituosa da tradição russa — obriga a adesão à verdade, uma atitude que provoca todas as fogueiras da Inquisição. É claro que há muito a ser dito sobre essa visão, embora não se possa negar que a liberdade, às vezes, tenha sido sacrificada no altar da verdade. Para Dostoiévski — e para toda a tradição cristã e, acima de tudo, para a católica — a fé deve ser livre, não imposta.

---

12 Berdiaev, *op. cit.*, p. 54.

Além da liberdade no bem, encontramos a liberdade como arbitrariedade, que destrói a própria liberdade. "A liberdade se transforma em escravidão, a liberdade faz com que o ser humano se perca quando, no tumulto de sua liberdade, não quer reconhecer nada superior a si mesmo. Se não há nada superior ao ser humano, também não há ser humano. Se a liberdade não tem conteúdo, um objeto, se não há conexão entre a liberdade humana e a liberdade divina, então também não há liberdade. Se ao ser humano tudo é permitido, a liberdade humana se torna a escravidão de si mesmo, e a escravidão de si mesmo faz com que o próprio ser humano se perca."[13] Ivan Karamázov, Kiríllov ou Stavróguin exemplificam essa atitude de uma liberdade supostamente infinita que termina com a destruição de suas vidas.

A liberdade arbitrária é uma força negativa que cria o caos. Por isso, muitos de seus personagens manifestam o desejo de colocar ordem no mundo de forma arbitrária. São os projetos de "formigueiro social", que acabam negando a liberdade humana. Os paraísos imaginados tornam-se verdadeiros infernos, pois buscam criar uma sociedade justa por meio do mal: os revolucionários de Dostoiévski não hesitam em assassinar ou sacrificar grupos inteiros de pessoas em nome de uma "ideia" que está destinada a ser realizada em um futuro indeterminado que nunca

---

13 *Ibidem.*

chega. Em *Os demônios*, Pyotr Stiepánovitch, líder de uma seita de anarquistas, explica a seus colegas:

> Uma das razões pelas quais vocês se uniram em uma organização independente de homens livres que professam ideias idênticas foi para reunir suas energias em um determinado momento e, se necessário, observar e vigiar uns aos outros. Cada um é obrigado a responder plenamente por si mesmo. Vocês são chamados a dar nova vida a um organismo decrépito e paralisado; tenham sempre isso em mente para manter o ânimo. O que vocês estão fazendo tem o objetivo de destruir tudo o que existe: o Estado e sua estrutura moral. Só restaremos nós, os que se prepararam com antecedência para tomar o poder. Atrairemos os inteligentes e passaremos por cima dos imbecis. Vocês não devem perder isso de vista. Toda uma geração deverá de ser reeducada para que se torne digna de liberdade.

O discurso tinha o objetivo de convencê-los da necessidade de assassinar Chátov, um eslavófilo que havia pertencido a essa célula anarquista. Como muitas revoluções no mundo moderno mostraram, da prometida liberdade ilimitada se passa ao despotismo ilimitado.

No romance *Os irmãos Karamázov*, Ivan afirma que

> [...] se você destruir a fé do ser humano em sua imortalidade, não apenas o amor, mas também qualquer força vital capaz de perpetuar a vida no mundo, será imediatamente extinta. E não é só isso: então não haverá nada imoral, tudo será permitido, até mesmo a antropofagia. Mas ainda não terminamos: [...] para

cada indivíduo, como nós agora, por exemplo, que não acredita em Deus e nem na própria imortalidade, a lei moral natural deve ser imediatamente transformada no oposto da antiga lei religiosa, e o egoísmo, chegando até o crime, deve ser não apenas permitido, mas até mesmo reconhecido como a solução necessária, a mais razoável, e eu diria até mesmo a mais nobre, sob suas condições.

Essa é a conclusão de Dostoiévski. O homem sem Deus destrói a si mesmo e aos outros.

Poderíamos nos aprofundar mais na insondável filosofia de Dostoiévski. Parece-me preferível fazer isso por meio de alguns dos personagens de seus principais romances. Começaremos com *Crime e castigo* e passaremos para *O idiota*, *Os demônios* e *Os irmãos Karamázov*.

* * *

Crime e castigo: Raskólnikov e Sônia

O personagem principal de *Crime e castigo*, Raskólnikov, é um ex-estudante de Direito, doente e sem dinheiro, com vinte e três ou vinte e quatro anos, que vive em um quarto pobre em São Petersburgo. Em um artigo publicado numa revista, defende a tese de que um crime era justificável se fosse cometido por um grande homem, caso ele o considerasse necessário para exercer o poder. Raskólnikov afirmava que existiam homens superiores, gênios, que tinham poder e que se distinguiam da grande massa de pessoas, destinadas a se submeter aos poderosos. Esses anônimos estavam na Terra apenas para se reproduzir, sem deixar quaisquer vestígios na História. Ele dá exemplos de certas figuras do passado que encarnavam o ideal do homem superior e menciona, em particular, Napoleão.

Há algum tempo, Raskólnikov planejava colocar em prática sua teoria, assassinando uma velha agiota que não contribuía em nada para a sociedade. Depois de muito pensar, ele comete o crime. Por circunstâncias imprevistas, acaba assassinando, acidentalmente, a irmã da velha senhora, Lisavieta. Dostoiévski descreve toda a dinâmica do assassinato, que Raskólnikov executa brutalmente com um machado, deixando um lago de sangue no quarto.

Todo o romance gira em torno da psicologia do assassino. Apesar de viver na miséria, ele não mata por dinheiro, mas para ir contra um princípio moral e se colocar como árbitro do bem e do mal. Depois de cometer o crime, porém, longe de se sentir um grande homem, Raskólnikov luta com o peso de sua consciência — embora não se arrependa do assassinato até o final do romance — e percebe que ainda é um fracassado. Precisando contar a alguém o que aconteceu, ele decide confiar em Sônia, uma jovem que se prostituía para levar dinheiro para a família. Essa família, os Marmieládov, estava arruinada pela constante embriaguez do pai.

Em sua confissão, depois de dar muitas voltas, Raskólnikov explica:

> Eu sempre me perguntava: "Já que você sabe que os outros são tolos, por que não tenta ser mais inteligente do que eles? Mas percebi imediatamente, Sônia, que se eu esperasse o momento em que todos fossem inteligentes, seria preciso muita paciência. Mais tarde, convenci-me de que esse momento nunca chegaria, que as pessoas nunca mudariam e que era perda de tempo tentar mudá-las. Sim, isso mesmo! Essa é a lei delas... Estou convencido de que o mestre delas é aquele que tem uma inteligência superior. Aquele que for ousado terá mais razão. Aquele que as desafia e as despreza conquista o respeito delas. Isso é o que sempre se viu e o que sempre se verá. Seria preciso ser cego para não ver [...]. Então eu me convenci, Sônia — continuou, cada vez mais agitado — de que o poder só é concedido àqueles que se curvam para tomá-lo. E tudo se resume a isto: basta apenas ousar. Desde o momento em que essa verdade se tornou tão clara quanto o sol eu quis "ousar" e matei...; eu só quis ser audacioso, Sônia, e esse foi o motivo da minha ação.

Depois do espanto de Sônia, que começa a ver o quão profundo é o mal em Raskólnikov, ele continua:

> Você acha que eu fui para lá como uma pessoa atordoada e desequilibrada? Não: fiz isso depois de muita reflexão, e foi isso mesmo que me pôs a perder. Quando me perguntei se tinha direito de ter poder, percebi que meu direito era nulo e sem efeito pelo simples fato de tê-lo questionado. Quando me perguntei se o ser humano era um verme, eu sabia que

não estava perguntando isso para mim, mas para o audacioso que não se faz essa pergunta e que age sem torturar seu cérebro com essa dúvida... Finalmente, o simples fato de me perguntar esse problema: "Será que Napoleão teria matado aquela velha?", foi suficiente para me mostrar que eu não era um Napoleão... Finalmente, desisti de procurar justificativas sutis: eu queria matar sem pensar, matar por mim, por mim mesmo, sozinho! Mesmo em uma questão como essa, eu não gostava de fantasiar sobre minha consciência. Se eu matasse, não seria para aliviar o infortúnio de minha mãe, nem para consagrar ao bem da humanidade o poder e a riqueza que, em minha opinião, me ajudariam a vencer esse crime. Não, não, tudo isso estava longe de meu espírito. Naquele momento, eu não estava nem um pouco preocupado em saber se faria algum bem a alguém ou se seria um parasita social por toda a minha vida... O dinheiro não foi o principal motivo do assassinato; foi outro motivo que me levou a isso... Agora eu vejo... Entenda-me; se eu tivesse que fazer tudo de novo, talvez não o fizesse. Mas então eu estava com pressa para saber se eu era um verme como os outros ou um homem, no verdadeiro sentido da palavra; se eu tinha ou não em mim a energia para superar o obstáculo, se era uma criatura covarde ou se eu tinha o "direito".

— Direito de matar? — Sônia exclamou, atônita.

Sônia entregara seu corpo ao pecado, mas não sua alma, que permaneceu pura. É uma mulher de grande dignidade moral, sempre preocupada com os outros. Quando Raskólnikov lhe confessa que é um assassino, ela o abraça e sente pena dele, considerando-o o homem mais miserável do mundo. Embora viva em um mundo de miséria e pecado, essa jovem confia plenamente na providência divina. Em uma conversa entre ela e Raskólnikov, antes de sua confissão, ele lhe pergunta se ela reza muito:

— O que seria de mim sem Deus? — sussurrou com energia, os olhos brilhando e apertando as mãos dele com força.
"Ora, eu não fui enganado", disse para si, e acrescentou, voltando-se para Sônia como se quisesse esclarecer suas dúvidas:
— Mas, o que Deus fez por você?
Sônia permaneceu em silêncio, como se não estivesse em condições de responder. A emoção encheu seu frágil peito.
— Cale-se! Não me pergunte! Você não tem o direito — exclamou ela de repente, olhando-o com raiva [...]. Deus pode com tudo! — murmurou ela rapidamente, olhando para baixo novamente.

Depois desse diálogo, Raskólnikov vê uma cópia do Novo Testamento e pede a Sônia que leia a passagem sobre a ressurreição de Lázaro, o que ela faz emocionada.

Sônia está disposta a acompanhar Raskólnikov na prisão. Finalmente, o assassino confessa seu crime à polícia e é condenado a oito anos de trabalhos forçados na Sibéria. Sônia o acompanha até o exílio e lhe dá atenção constante, embora Raskólnikov responda com indiferença e aborrecimento, por causa de seu mundo interior doentio. Ninguém gosta dele na prisão, e Sônia, por outro lado, é objeto de afeto e gratidão por parte dos detentos.

No último capítulo, Raskólnikov, depois de muito sofrimento interior, se joga aos pés da jovem e chora de dor e arrependimento. Os dois percebem que estão apaixonados e que a fé e a bondade de Sônia tiraram Raskólnikov do abismo moral em que ele havia caído:

> Sob seu travesseiro, havia alguns Evangelhos. Ele pegou o livro mecanicamente. Era de Sônia, o mesmo livro em que outro dia ela lhe havia lido a passagem sobre a ressurreição de Lázaro. No início da vida na prisão, pensou que ela fosse atormentá-lo com religião, falando constantemente sobre isso e importunando-o com o Evangelho; mas, para sua grande surpresa, Sônia nem sequer lhe ofereceu o livro sagrado. Foi ele mesmo quem lhe pedira pouco antes de adoecer, e ela o trouxe sem dizer uma palavra. Desde então, ele não o havia aberto.
>
> Também agora não o lia, mas um pensamento passou rapidamente por sua cabeça: "Podem as convicções dela não ser também as minhas? Será que posso ter pensamentos e tendências diferentes dos dela?

A liberdade arbitrária do homem superior termina em um abismo de maldade, mas de lá é possível se erguer novamente porque, para Deus, tudo é possível. O sofrimento de Raskólnikov — sua punição pelo crime — o uniu a Sônia, que, com sua bondade, amor altruísta e dor compartilhada, deu-lhe uma nova vida, que o redimiu.

O príncipe Míchkin, representação de Cristo

Em 31 de dezembro de 1867, Dostoiévski escreve: "Há muito tempo sou atormentado por uma certa ideia, mas tenho medo de transformá-la em um romance, porque é uma ideia muito difícil de realizar e não me sinto preparado. No entanto, é muito sedutora e eu a amo muito. Essa ideia é: *retratar um homem totalmente bom*. Em minha opinião, não pode haver nada mais difícil, especialmente em nosso mundo."[14]

No dia seguinte, em uma carta para sua sobrinha Maria Ivanova, ele repensa e descreve o protagonista de seu novo romance como "um homem positivamente bom":

> A ideia principal do romance é retratar um homem positivamente bom. Não há nada mais difícil no mundo, especialmente nos dias de hoje. Todos os escritores que se propuseram a representar um homem positivamente bom fracassaram. Pois essa é uma tarefa assustadora... Há apenas uma pessoa positivamente boa no mundo: Cristo. Portanto, o surgimento desse homem incomensuravelmente bom e sem limites já é, por si só, um milagre sem limites... Só vou lembrá-los de que, entre os homens bons da literatura cristã, o único bem-acabado é Dom Quixote. Mas ele é bom apenas porque, ao mesmo tempo, é cômico.[15]

---

14 Citado por Pareyson, *op. cit.*, p. 144.
15 *Ibidem*.

O romance em que Dostoiévski trabalhava na época era *O idiota*. Em algumas de suas anotações, ele relaciona o príncipe Míchkin a Cristo. De acordo com Lo Gatto, o personagem principal de *O idiota* "é, sem dúvida, a imagem 'analógica' de Cristo, com suas três qualidades internas: a condição enigmática, a inocência e a santidade"[16]. Também há alusões a Dom Quixote no romance. Dostoiévski, anos depois, diria que "em todo o mundo não há nada mais profundo e mais forte do que Dom Quixote [...], a última e mais alta expressão do pensamento humano, a mais amarga ironia que o ser humano poderia ter expressado".

Não é fácil resumir o enredo desse romance. O príncipe Míchkin retorna à Rússia depois de ter estado na Suíça, onde foi curado de sua idiotia, ou seja, uma doença nervosa que se manifesta por impotência de vontade, desconfiança dos outros e inexperiência nas relações sociais. No trem a caminho de sua terra natal, ele conhece Rogójin, um comerciante que está apaixonado por Nastácia Filíppovna. Essa mulher, com um passado conturbado, está noiva de Gánia, a quem não ama. Míchkin é introduzido no círculo de Nastácia e, a contragosto, se vê envolvido nos casos amorosos de Filíppovna. Rogójin oferecerá dinheiro para ser amante de Nastácia. Míchkin, para salvá-la da ignomínia moral, propõe que se case com ele.

---

16 Lo Gatto, *op. cit.*, p. 325.

A trama se complica: Míchkin e Rogójin mantêm um relacionamento amistoso, mas, apesar disso, este sente ciúmes do príncipe e chega a atentar contra a sua vida. O romance tem um final trágico: Rogójin assassina Nastácia, e Míchkin volta a sofrer da doença nervosa, exausto pelas tensões causadas por estar no centro dos relacionamentos conflitantes de um grupo humano com paixões tão intensas.

Em que sentido Míchkin é a representação de Cristo? Vamos seguir a análise de Pareyson. O príncipe é um ser anormal e doente, que surpreende a todos com sua ingenuidade: ele não pensa de acordo com a lógica mundana e é impotente diante da maldade e das mentiras dos outros. Mas, ao mesmo tempo, as pessoas que zombam dele quando o conhecem se surpreendem com sua capacidade de penetrar nos corações e entender o que lhes passa.

Essa ambiguidade do príncipe expressa seu caráter simbólico. Pareyson escreve:

> Míchkin simboliza não apenas o bem, mas diretamente Cristo. À figura de Cristo soma-se o "escândalo", no sentido de que Ele é o próprio Deus na "figura de um servo", como diz São Paulo, e não há encarnação mais adequada de Deus do que essa representação humilde e pobre. Ora, o absurdo de Deus escolher a "figura de um servo" não é maior do que o absurdo de escolher um "idiota" como símbolo de Cristo. O Verbo escolheu encarnar-se em um servo para ser reconhecido por si mesmo e não por causa da grandeza terrena. Assim, Ele colocou diante dos homens a

escolha entre a audácia da fé e o conforto da negligência. Da mesma forma, diante do príncipe Míchkin, "é necessário escolher" entre uma interpretação psicológica e uma interpretação simbólica, entre vê-lo como um ser fraco e doente ou como o símbolo de Cristo. Essa segunda possibilidade não é diminuída, mas, sim, apoiada por sua doença, porque constitui uma imagem da "humilhação" de Cristo, de sua presença humilde e modesta entre os seres humanos, exposto ao desprezo, ao desdém e ao ridículo diante de todos eles, cultos e ignorantes.[17]

Dostoiévski dota seu personagem de características espirituais semelhantes às de Cristo: ele tem uma capacidade ilimitada de perdoar, é de uma sinceridade absoluta, é simples, humilde e confiante. Atrai as almas mais fracas, como as de crianças e algumas mulheres; ele se permite ser ofendido sem se defender; com seu toque, alguns se sentem chamados a melhorar interiormente.

Míchkin tem a "inteligência do coração": seu jeito parece infantil, e talvez seja, porque a verdade e a bondade brilham nas crianças. Sem a astúcia humana e a prudência da carne, Míchkin sempre enxerga mais profundamente e penetra no mais íntimo das pessoas com as quais se relaciona.

Nastácia Filíppovna dirá a Míchkin: "Adeus, príncipe, pela primeira vez em minha vida vi um homem!" O 'idiota', que não se conforma com as convenções sociais deste mundo, no entanto, encarna

---

17 Pareyson, *op. cit.*, p. 146.

a verdadeira humanidade. Não nos esqueçamos de que Cristo "revela o homem a si mesmo" (*Gaudium et Spes* n. 22). O que Nastácia Filíppovna viu em Míchkin, um ser "desprezível" de acordo com as categorias mundanas? Ela viu uma encarnação de bondade, de verdade, de humildade — "a maior força que pode existir no mundo" — uma luz em meio a um ambiente dominado pela ganância, pela luxúria e pelo egoísmo, como aquele em que se desenrola a trama do romance.

Pareyson conclui:

> A confirmação de que o príncipe Míchkin é uma personificação do bem a ponto de representar Cristo é o fato de que ele pertence tão pouco a este mundo que não pode viver nele da mesma forma que todos os outros. Não que a ideia de eternidade de Dostoiévski implique uma desvalorização da vida terrena. Tampouco se pode dizer que ele constrói o príncipe como um asceta que se macera em uma renúncia voluntária e sofrida. Sua existência transcende a do mundo, como podemos deduzir da fórmula escrita em letras grandes no caderno de anotações de *O idiota*: "O Príncipe – Cristo". A vida pública de Cristo foi breve. Ele apareceu no mundo por um curto período e logo o deixou para retornar à eternidade. Igualmente fugaz é a aparição do príncipe Míchkin em sua "vida entre os grandes". Emergindo da escuridão de sua doença, ele entra brevemente na clareza da consciência, mas logo cai de volta na escuridão da alienação, agora de forma incurável e definitiva: um sinal de que ele não pertence a este mundo, no qual, no entanto, exerceu um trabalho inesquecível e decisivo que indica sua "cidadania celestial".[18]

---

18 Pareyson, *op. cit.*, pp. 151-52.

Os demônios: Vierkhoviénski, Stavróguin, Kiríllov e Chátov

Dostoiévski escreveu a obra quando estava no exterior, lutando para sobreviver à pobreza, com ataques epiléticos e uma paixão incontrolável por jogos de azar. O enredo é inspirado em um evento real: em 1869, um estudante é assassinado em Moscou por um grupo de anarquistas, discípulos de Mikhail Bakunin. As cinco pessoas que participaram do assassinato faziam parte de uma célula revolucionária. Supunha-se que por todo o país havia células como essa, que fariam a revolução para derrubar a Rússia tradicional.

Tudo isso aparece, de forma evidente, em *Os demônios*. O romance se passa em uma cidade provinciana, em um ambiente burguês abastado. Um dos personagens principais é Stiepan Trofímovitch Vierkhoviénski, um patético intelectual fracassado, com ideias liberais e ocidentalistas das décadas de 1930 e 1940. Um personagem secundário, Karmazínov, é uma caricatura de Iván Turguêniev, romancista invejado por Dostoiévski, porque, enquanto o primeiro podia se dar ao luxo de escrever seus livros em paz e com tranquilidade na Europa Ocidental, ele tinha de trabalhar contra o relógio para entregar seus livros aos editores e pagar as dívidas que o atormentaram durante grande parte de sua vida.

As ideias liberais desses personagens são superadas pela geração seguinte, revolucionária, anárquica e ateia. Na cidade onde a história se passa, há uma célula anarquista, bastante amorfa, que comete o assassinato de um ex-estudante, Chátov. Todos eles professam ideias vagas sobre o futuro da Rússia, e suas vidas revelam mesquinharia e egoísmo, apesar de declararem ser a favor dos grandes ideais da humanidade. Os personagens que mais nos interessam aqui são aqueles que representam duas facetas do ateísmo: Stavróguin e Kiríllov.

Stavróguin tem cerca de vinte e cinco anos. Seu pai, já falecido, foi oficial do exército russo. Sua mãe, Varvara Pietrovna, tem pretensões intelectuais e faz parte da burguesia da cidade. Muitas das cenas do romance são descritas em sua sala de estar. Stavróguin é um personagem difícil; ausente de casa por muitos anos — em São Petersburgo ou no exterior —, quando retorna à cidade natal chama a atenção por sua altivez, autoconfiança e beleza. Em poucas horas, provoca vários escândalos — puxa o nariz de um cavalheiro respeitável, beija uma mulher casada na frente do marido, morde a orelha de um funcionário público — que o obrigam a deixar a cidade. Passam-se quatro anos até o seu regresso. Suas boas maneiras e sua aparência fazem com que as pessoas se esqueçam dos erros cometidos no passado.

O narrador, um personagem da história e confidente de Stiepan Trofímovitch, afirma que a maldade de Stavróguin era "fria, tranquila e, por assim dizer, *racional* e, portanto, a mais repugnante e terrível que se possa imaginar". Seu ateísmo é caracterizado pela total indiferença em relação ao bem e ao mal. Pode ter tanto prazer em fazer algo para o benefício alheio quanto em praticar o mal. Joga com os outros e semeia o mal ao seu redor: convence um deles a propagar o ateísmo; leva outro para o caminho do nacionalismo religioso; incentiva um terceiro a tomar uma atitude que o levará ao suicídio; casa-se com uma mulher com deficiência com o único prazer de experimentar a autodepreciação; estupra uma menina de dez anos que acabará tirando a própria vida. Parece sereno e controlado, mas, no fundo, está desesperado: não encontra nenhum sentido na vida e, ao final, se enforca no sótão da casa de campo da família.

Pareyson considera a revolta de Stavróguin mais radical do que a de Raskólnikov. O personagem de *Crime e castigo* se propôs a transgredir uma lei moral para provar que poderia se tornar um grande homem. Mas Stavróguin

> [...] não tem um objetivo preciso porque se colocou acima de toda lei e nem mesmo está em posição de distinguir entre o bem e o mal. Para ele, o bem e o mal são a mesma coisa, a ponto de não ser nem mesmo possível 'transgredir' adequadamente a lei do bem. Ele ignora todas as normas, limites ou valores. Sua liberdade é pura arbitrariedade. Como não tem

nenhuma norma para violar, não tem nenhum objeto para perseguir e, portanto, se dissolve na indiferença, no tédio, na experimentação e na aniquilação. É uma enorme força sem uso, destinada a destruir e a destruir-se, a desencadear o caos e a morte ao seu redor, e a se dissolver no nada.[19]

Kiríllov, por outro lado, tem objetivos claros. É um engenheiro que esteve em contato com Stavróguin no passado e que se muda para a cidade onde a história se passa. De acordo com um dos personagens, Kiríllov "rejeita a própria moral e adota o princípio moderno da destruição universal para alcançar fins benéficos. Pede mais de cem milhões de cabeças para implantar o bom senso na Europa, muito mais do que foi pedido no último Congresso de Paz".

Kiríllov considera a vida humana apenas dor e terror e, por isso, as pessoas são infelizes. Esse estado da humanidade deve ser superado: "O ser humano ainda não é o que será. Haverá um novo ser humano, feliz e altivo. Para ele, não fará diferença entre viver ou não; esse será o novo ser humano. Aquele que vencer a dor e o terror será, portanto, Deus. E o outro Deus não existirá".

Essas palavras fazem parte de um diálogo com o narrador. Perguntado sobre a existência de Deus, Kiríllov responde:

> Ele não existe, mas existe. Deus é a dor produzida pelo horror à morte. Quem vencer a dor e o horror se

---

19   Pareyson, *op. cit.* p. 60.

tornará Deus. Então, haverá uma nova vida, um novo ser humano, tudo será novo... E a história será dividida em duas partes: do gorila à aniquilação de Deus até...
— Até o gorila?
— Até a transformação física da terra e do ser humano. Ele será Deus e se transformará fisicamente, e o mundo será transformado, e todas as coisas serão transformadas, e as ideias e todos os sentimentos serão transformados.

Kiríllov acrescenta que "quem quiser a liberdade suprema deve ousar se matar. Quem ousar se matar terá descoberto o segredo do engano. Além disso, não há liberdade; nisso está tudo; além disso, não há nada. Quem se atreve a se matar será Deus".

No diálogo com Stavróguin, Kiríllov anuncia o retorno de Jesus Cristo, mas não como o Deus-homem, mas como o homem-deus. Vemos aqui toda a dialética da liberdade de Dostoiévski. Pouco antes de cometer suicídio, esse personagem, considerado um pouco louco por aqueles que o conhecem, explica, com detalhes, o motivo pelo qual decide tirar a própria vida:

> Não consigo entender como um ateu que sabe que Deus não existe não se mata imediatamente. Entender que Deus não existe e não entender que você se tornou Deus é um absurdo, caso contrário você se mataria. Se você entender isso, você é um rei e não se matará, mas viverá em plena glória. Agora, o primeiro a entender isso deve se matar irremediavelmente, caso contrário, quem começará e provará isso? É por isso que eu me mato, para começar e provar. Ainda

sou Deus à força, um miserável, porque *sou obrigado* a manifestar minha vontade. Até agora, o ser humano tem sido pobre e miserável porque teme afirmar sua vontade no nível mais alto e tem feito isso apenas com coisas insignificantes, como um colegial... Sou terrivelmente miserável porque sinto muito medo. O medo é a maldição do ser humano... Mas vou fazer valer minha vontade, sou obrigado a acreditar no que não acredito. Começarei e terminarei e, assim, abrirei a porta. E salvarei os outros. Só isso salvará a humanidade e a transformará fisicamente na próxima geração, pois em seu estado físico atual, se não me engano, o ser humano não pode viver sem seu antigo Deus. Há três anos venho buscando meu atributo divino e o encontrei; meu atributo divino é "minha vontade real"! Isso é o máximo que posso fazer para mostrar minha absoluta insubordinação e minha nova e terrível liberdade. Pois ela é singularmente terrível. Eu me mato para provar minha insubordinação e minha nova e terrível liberdade.

Poucas horas depois de proferir essas palavras, Kiríllov se enforca em seu quarto sombrio.

O ateísmo de Kiríllov é do tipo "titânico": ele procura provar que sua vontade é onipotente e, por isso, elimina a si próprio. Chátov também apresenta traços de ateísmo, embora diferentes dos vistos acima. Ele acredita no futuro da Rússia, que tem um destino providencial como um povo "portador de Deus". Em um intenso diálogo com Stavróguin, afirma:

— Creio na Rússia, creio na Igreja Ortodoxa... Creio no corpo de Cristo... Creio que o novo advento

ocorrerá na Rússia... Creio... — murmurou Chátov freneticamente.
— Mas em Deus, em Deus?
— Crerei, crerei em Deus.

Chátov destaca uma das características do pensamento ideológico: a partir de uma parcela da realidade — nesse caso, a nação e a sua identidade cultural — considerá-la absoluta. Qualquer absolutização de algo relativo termina em ateísmo, porque somente Deus é absoluto.

Kiríllov e Stavróguin cometem suicídio, Chátov é assassinado. Resta-nos falar do primeiro personagem ao qual nos referimos: Stiepan Trofímovitch Vierkhoviénski. Depois de ser rejeitado por sua protetora, Varvara Pietrovna, mãe de Stavróguin; depois de ver seus planos de influenciar o mundo irem por água abaixo e depois de fazer papel de bobo diante do público em uma competição literária, ele decide deixar a cidade. Parte sem rumo, com poucos pertences. Acaba em uma hospedaria, doente e cuidado por uma vendedora de Bíblias. Lá, morre cercado pelo carinho dessa mulher e de Varvara Pietrovna, que, ao saber de seu desaparecimento, sai à sua procura e o encontra quase morrendo.

Varvara convoca um padre, que ouve a confissão de Stiepan, lhe dá a comunhão e o ajuda a ter uma boa morte. As últimas palavras do antigo apóstolo do livre-pensamento são exatamente o oposto da "ideia" de Kiríllov:

Deus me é necessário porque Ele é o único ser a quem se pode amar eternamente [...]. A imortalidade me é necessária porque Deus não cometerá a injustiça de extinguir completamente a chama do amor por Ele, que se acendeu em meu coração. E o que é mais precioso do que o amor? O amor é mais exaltado do que a existência, o amor é a coroa da existência; e como pode a própria existência não cair sob seu domínio? Se eu passei a amar a Deus e a me alegrar com meu amor, é possível que Ele extinga minha vida e minha alegria e me devolva ao nada? Se Deus existe, eu também sou imortal! *Voilà ma profession de foi.*

Os demônios apresenta radicalmente a visão antropológica de Dostoiévski: a negação de Deus leva à destruição do ser humano. Como Stiepan Trofímovitch afirma antes de perder a consciência, "toda a lei da existência humana consiste no fato de que o ser humano é sempre capaz de reverenciar o infinitamente grande. Se for privado do infinitamente grande, ele se recusará a continuar vivendo e morrerá em desespero. O infinito e o eterno lhe são tão necessários quanto este pequeno planeta que habita..."

Os irmãos Karamázov: os startzí *Zossima e Aliócha Karamázov*

O último romance de Dostoiévski talvez seja sua obra-prima. Conta a história da família Karamázov. Tudo gira em torno do parricídio de Fiódor Karamázov, pai de Dmitri, Ivan, Aliócha e do bastardo Smierdiakóv. Já anunciamos que há muito de autobiográfico em suas páginas. O assassino material é Smierdiakóv, mas o autor moral, quem desejava interiormente a morte de seu pai, é Ivan. As suspeitas de culpa recaem sobre Dmitri, julgado e condenado. Smierdiakóv comete suicídio, e Ivan termina sua vida gravemente doente, frustrado com o mundo e consigo mesmo.

Dmitri tem uma personalidade complexa, dividida entre o bem e o mal. Ele é movido por um caráter apaixonado, capaz de grandes amores, mas também grandes ódios. Graças a seu irmão Aliócha, encara sua condenação injusta como um caminho para sua redenção e a do mundo. Para Pareyson, Dmitri é "o personagem arquetípico no qual os dois opostos se unem em uma polaridade antinômica, sede privilegiada da situação agonizante do ser humano. Ele representa a insólita mistura entre o bem e o mal que o torna um espírito profundo, tipo Karamázov, amplo, vasto, como nossa amada Rússia. Um espírito capaz de reunir em si todos os contrastes e de contemplar, ao mesmo tempo, dois abismos, o que está acima de nós, o dos ideais supremos, e o que está abaixo de nós, o da mais abjeta e fétida degradação".[20] No final do romance, como dissemos, ele se converte. Tendo levado o mal a limites insuspeitados, não se desespera, mas busca refúgio no amor de Deus:

---
20   Pareyson, *op. cit.* p. 119.

Senhor, aceita-me com todos os meus defeitos, não me julgues... Deixa-me passar sem o Teu julgamento... Não me julgues, pois eu mesmo já me condenei; não me julgues porque eu Te amo, Senhor! Sou vil, mas Te amo; podes me mandar para o inferno, mas lá também Te amarei, e de lá gritarei que Te amo para todo o sempre.

Ivan, por outro lado, é um dos ateus de Dostoiévski. Como já tratamos deles, prefiro dedicar estas páginas a dois personagens que são o oposto daqueles que vivem de acordo com a liberdade arbitrária: os *startzí* Zossima e Aliócha. Eles são e se comportam como verdadeiros filhos de Deus.

Como vimos, os mosteiros ocupam um lugar de destaque na tradição religiosa russa. São centros de espiritualidade onde vivem monges celibatários, dedicados à oração e ao crescimento espiritual. O bom treinamento religioso e o exemplo de uma vida ascética atraem os fiéis que buscam conselhos, consolo e palavras de esperança.

O *stárietz* é um monge sábio e espiritual, conhecido por suas virtudes e por sua capacidade de discernir almas. Zossima ocupa um lugar central no romance. Diante da brutalidade, da ambição e da luxúria dos Karamázov e das pessoas ao seu redor, o exemplo de vida e os conselhos espirituais de Zossima são um bálsamo de paz, que indicam uma saída esperançosa para um mundo melhor do que o de Dmitri, Ivan, Smierdiakóv e seu pai Fiódor.

Zossima entra na história como o guia espiritual de Alióchа, o mais jovem dos irmãos Karamázov. Ele já é um homem idoso e, diante de um grupo de monges de seu mosteiro, quando está doente e prestes a morrer, narra sua vida desde a infância.

Em seus primeiros anos, o que marca o futuro *stárietz* é a conversão e a morte de seu irmão Márkel, um adolescente de dezessete anos que havia perdido a fé, influenciado por um livre-pensador. Uma doença grave o atinge e ele fica acamado. O sofrimento o aproxima de Deus, gerando uma profunda conversão que o leva a amar todas as criaturas — pessoas, animais, plantas —, a agradecer do fundo do coração o milagre da existência e a vivenciar o mistério da união de todas as almas:

> A vida é um paraíso, e todos nós estamos nele, mas não queremos entendê-lo; se o entendêssemos, amanhã o mundo inteiro se transformaria em um paraíso.

Ele se surpreende com o fato de que seus criados o sirvam e, embora admita que sempre haverá senhores e servos, afirma que todos nós devemos servir os demais. Além disso, todos nós somos culpados pelo mal no mundo e devemos pedir perdão. Escutemos Márkel, que conversa com sua mãe:

> Todos nós somos culpados diante dos outros e somos responsáveis por tudo. Não sei como lhe explicar, mas sinto que é assim, e o sinto de tal forma que sofro.

E como podíamos viver assim antes, sem saber de nada disso, ficando com raiva uns dos outros?

Os últimos dias de Márkel são repletos de felicidade. Ele explica à sua mãe, antes de morrer:

> Mãezinha, minha alegria, choro de felicidade, não de dor. Quero ser culpado diante de todas as criaturas, não tenho como lhe explicar, mas não sei como fazer com que elas me amem mais. Se eu for culpado diante de todos, mas se, em troca, todos me perdoarem, para mim isso será o paraíso. Será que não estou agora mesmo no paraíso?

Antes de morrer, Márkel pede a seu irmão que o substitua na vida. Por estar prostrado na cama, não pode ir brincar com ele. Ele diz a Zossima: "Vá e brinque por mim". O futuro monge se lembrará por toda a vida do que seu irmão lhe pediu: viver por ele. Pouco depois de lhe dar essa tarefa, Márkel voará para o paraíso de verdade.

No entanto, Zossima segue seu próprio caminho: vive uma juventude selvagem em um ambiente militar em que reinavam a arrogância, a prepotência e a violência. Após quatro anos de serviço, ele desafia um oficial para um duelo por causa de um problema sentimental, sem que este tivesse qualquer culpa. Na véspera do confronto, bate severamente em seu ordenança. Quando acorda na manhã seguinte, os olhos de sua alma se abrem. Sente um grande remorso, mas não sabe o motivo. Depois de alguns minutos, percebe que tinha se comportado de maneira vil com seu subordinado:

> Cobri o rosto com as mãos, joguei-me na cama e comecei a soluçar. Então me lembrei de meu irmão Márkel e de suas palavras aos criados antes de morrer: "Queridos, por que vocês me servem? Por que vocês me amam? Sou digno de ser servido? Sou mesmo digno?", pensei imediatamente. "Que mérito tenho eu para que outro ser humano, feito à imagem e semelhança de Deus como eu, me sirva? [...] De repente, a verdade surgiu em minha mente, com todo o seu brilho: o que eu estava prestes a fazer? Estava prestes a matar um homem bom, inteligente e nobre, que não tinha culpa de nada.

Zossima decide se desculpar com seu ordenança: prostra-se a seus pés, com a testa no chão, diante do olhar atônito do subordinado. No duelo, deixa o oficial atirar primeiro. Felizmente, o tiro não o fere e Zossima dispara para o ar e pede perdão. Arrependido de sua vida passada, decide se tornar monge. A partir de então, vive com Deus para os outros.

Dostoiévski dedica um capítulo aos conselhos espirituais que Zossima dá aos monges à sua volta antes de morrer. Alguns deles são muito atuais. Em primeiro lugar, o *stárietz* adverte que os monges são estigmatizados porque há muitos que dão maus exemplos. Admitindo essa triste realidade, Zossima explica que nunca se fala dos bons, mas a salvação da Rússia virá por meio dessas "almas mansas, sedentas de solidão e oração".

Ele também critica a mentalidade de alguns contemporâneos, que acreditam que a liberdade consiste em criar novas necessidades e satisfazê-las o mais rápido possível. Assim, ricos e pobres se convertem em escravos de necessidades artificiais, que não respondem ao bem da alma. De fato, ele alude à "tirania das coisas".

Zossima sonha com uma sociedade inspirada nas atitudes evangélicas de serviço e caridade. Mesmo que as diferenças sociais permaneçam, todos nós devemos nos considerar servos dos outros. E os servos devem ser tratados não apenas com respeito, mas também com afeto e amor: devem fazer parte da família como mais um.

O *stárietz* incentiva os monges a orar por todos aqueles que morrem diariamente, pois há muitas almas que partem em solidão, angústia e tristeza. Ao mesmo tempo, ele os exorta a não ter medo dos pecados dos seres humanos:

> Amai o homem com seu pecado, pois esse reflexo do amor divino é o ponto culminante do amor na Terra. Amai toda a criação divina, em seu conjunto e em cada grão de areia. Amai cada folha, cada raio de luz. Amai os animais, amai as plantas, amai todas as coisas. Se amares todas as coisas, descobrirás nelas o mistério divino. Depois de descobri-lo, começarás a conhecê-lo cada vez mais, mais profundamente a cada dia.

Levaria muito tempo transmitir os últimos conselhos de Zossima, nos quais a influência de seu irmão Márkel é evidente. Mencionarei apenas alguns: a humildade e o amor juntos são a maior força deste mundo; devemos pedir alegria ao Senhor; devemos sempre nos considerar culpados por todo o mal do mundo; se você tiver que julgar um criminoso, lembre-se de que você também é um; trabalhe sem descanso, sem buscar recompensa. Zossima termina seu discurso com uma referência ao inferno, definido por ele como "o sofrimento de não ser capaz de amar".

Guardini destaca como a conversão de Márkel floresce na vida de Zossima, que, por sua vez, é projetada na de seu discípulo Alióchá. O filósofo alemão comenta: "A ascensão do povo em direção a Deus atinge seu ápice em Zossima. Ele eleva a existência do povo à esfera do heroísmo cristão. E não apenas pelo simples fato de que é e vive como eles, mas também porque o conhecimento e a doutrina fazem dele um espírito livre. Zossima se torna o repositório da realidade e dos valores contidos na consciência cristã dos humildes, uma consciência que se formou através da aceitação da existência e de tudo o que acontece como expressão da vontade de Deus."[21]

Resta-nos falar de Alióchá, um dos personagens de maior sucesso do romancista russo. Desde o início

---
21 Guardini *op. cit.*, p. 80-81.

da narrativa, Dostoiévski o apresenta como um ser muito diferente do pai e dos irmãos, embora ainda seja um Karamázov e, portanto, deva lutar contra a natureza passional e sensual de sua família.

Aliócha dirige seus passos para o mosteiro "para libertar sua alma, que lutava para emergir das trevas da maldade mundana para a luz do amor". Ele vai para lá atraído também pelo exemplo de Zossima. Aliócha havia perdido a mãe quando era muito jovem e guardava a lembrança de seu rosto, de suas carícias e de suas lágrimas, resultado dos maus-tratos que o pai lhe dispensava. Homem taciturno, com uma profundidade interior, ele amava — apesar de sua natureza reservada — todas as pessoas. Não se colocava como juiz de ninguém — nem mesmo de seu pai, que levava uma vida dissoluta e escandalosa —, mas em seu interior se entristecia com os pecados dos seres humanos. Todos que o conheciam o amavam. E isso desde criança: seus companheiros gostavam dele porque nunca se ofendia, perdoava tudo, era humilde. Ele amava especialmente a virtude da castidade e, por isso, foi objeto de escárnio por parte de seus companheiros quando entrou na adolescência. Desprovido de bens materiais, mal sabia o valor do dinheiro. Seu pai, um degenerado, nutria um especial afeto por ele.

Aliócha se torna o discípulo favorito de Zossima. No entanto, o *stárietz* o incentiva a voltar para o mundo: ele deve dar testemunho do amor de

Deus fora do mosteiro. Isso implica que Alióchа sofra tentações — às quais seus parentes eram tão propensos — e, embora pareça que sucumbirá, sai vitorioso, não sem sofrimento interior.

Guardini ressalta o papel de Alióchа como um emissário divino da verdade. Ele sempre a tem em seus lábios, mesmo quando ela não lhe convém. Em várias ocasiões, intui a realidade de uma situação e a comunica com franqueza. Ele diz a Catierina Ivánovna que seu verdadeiro amor é Ivan e não Dmitri; com Ivan, tem uma conversa fundamental no romance, na qual afirma claramente que o próprio Deus o enviara ao irmão para lhe dizer que ele não matou o pai. A sinceridade com que Alióchа leva a sua vida faz com que os outros percebam a própria maldade ou imoralidade que carregam: a pureza e a transparência de Alióchа provocam um remorso que leva à descoberta da verdade — ou da falta dela — em suas vidas.

Os *irmãos Karamázov* termina com um capítulo memorável, que narra o velório e o enterro de Iliúcha, um garoto que, por várias circunstâncias alheias à vontade de Alióchа, tem um conflito com ele, mas que acaba se tornando um grande amigo. Alióchа é o ponto de referência para o grupo de companheiros de Iliúcha. Depois de confortar os pais do menino morto da melhor maneira possível e participar das cerimônias fúnebres, ele dirige algumas palavras comoventes aos seus jovens amigos.

As crianças se emocionam. O romance termina com o seguinte diálogo:

— Ah, meus meninos, meus queridos amigos, não temam a vida! Como a vida é bela quando se faz algo bom e justo!

— Sim, sim — concordaram os meninos com entusiasmo.

— Karamázov, nós amamos o senhor! — gritou uma voz, talvez a de Kartachov, impetuosamente.

— Nós amamos senhor, nós amamos o senhor! — repetiram todas as outras vozes. Muitos tinham lágrimas nos olhos.

— Uma viva para Karamázov! — gritou extasiado Kólia.

— E que o falecido menino seja sempre lembrado! — acrescentou Alíocha, comovido.

— Sempre lembrado! — repetiram os meninos.

— Karamázov! — gritou Kólia — É verdade o que diz a religião, que todos nós ressuscitaremos, viveremos novamente e nos veremos outra vez, todos nós, até Iliúcha?

— Certamente ressuscitaremos, certamente nos veremos de novo e contaremos com alegria tudo o que aconteceu — respondeu Alíocha, um pouco sorridente, um pouco estático.

— Ah, como será lindo! — exclamou Kólia, impulsivamente.

— Mas agora vamos parar com os discursos e ir para a cerimônia fúnebre. Não se preocupem se comerem panquecas. É um costume antigo e eterno, e há algo de bom nesse costume — disse Alíocha, rindo. — Vamos lá, vamos embora! Vamos caminhar assim, de mãos dadas.

— E que assim seja para sempre, por toda a nossa vida, de mãos dadas! Viva o Karamázov! — gritou

Kólia novamente com entusiasmo, e todos os meninos repetiram seu grito.

* * *

Diante do rastro de destruição deixado pelos Karamázov, ergue-se a figura de Alióchа, que une, redime, purifica e alegra. O mais jovem dos irmãos está ao lado de Zossima, do príncipe Míchkin, de Sônia e de outros personagens que nos aproximam do homem-Deus, de Cristo. Eles iluminam com a luz de Cristo as trevas em que se movem todos os demônios de Dostoiévski.

6.

Lev Tolstói: a vida infinita (1828-1910)

O autor de *Guerra e paz* e *Anna Kariênina* era filho de um casal nobre, o conde Nikolai Tolstói e a princesa Mária Volkônskaia. Lev nasce em 1828, na propriedade rural de sua mãe, em Iásnaia Poliana, na região de Tula, cerca de trezentos quilômetros ao sul de Moscou. Foi o quarto de cinco irmãos. Sua mãe falece quando Lev tem apenas dois anos de idade. A tia do escritor, Tatiana, que morava com a família, exerce, em parte, o papel materno para com seus sobrinhos. Os primeiros anos de Lev foram nessa propriedade rural, onde o contato com os camponeses, o trabalho no campo, as visitas de amigos da família e as aulas de um professor de alemão ficaram profundamente gravados em sua memória, como podemos ler no romance autobiográfico *Infância*.

Em 1836, muda-se para Moscou com a família, mas sente falta da liberdade do campo. Como filho de uma família nobre, é obrigado a frequentar a vida social, mas não se esforça muito nos bailes e recepções que frequentava, e cresce dentro de si um complexo em relação à sua feiura. Os anos em Moscou e os que se seguiram em Kazan, para onde vai em 1844 com o objetivo de estudar na universidade, são retratados em seus romances *Adolescência* e *Juventude*.

Em 1847, retorna à sua amada Iásnaia Poliana, que agora lhe pertencia, como propriedade herdada de sua mãe, e tenta levar uma vida solitária e isolada. Depois de dez meses, vai para São Petersburgo, onde se dedica ao entretenimento e ao vício, gastando dinheiro com prostitutas e jogos de azar. Nos anos seguintes, alterna os verões no campo com os invernos na cidade. Durante esse período de confusão existencial, lê *David Copperfield* e descobre sua vocação como escritor. Assim como Dickens, ele registrará suas experiências nos três romances autobiográficos aos quais nos referimos.

Seu irmão Nikolai se oferece para acompanhá-lo ao Cáucaso, onde deveria reprimir algumas revoltas contra o tsar. Lev aceita a proposta e se alista no exército. A experiência militar marca profundamente a sua alma: as paisagens imponentes das montanhas, o céu estrelado, o ar livre; e esse é também o momento em que ele começa a fazer perguntas metafísicas e religiosas — e então, a escrever. No Cáucaso, escreve *Infância* e em 1853 publica a continuação, *Adolescência*. Em 1854, a seu pedido, é transferido para Bucareste e, logo em seguida, o exército exige sua presença na Crimeia, onde a Rússia lutava contra a França e a Inglaterra. Tolstói participa da batalha de Sebastopol quando o exército do tsar é derrotado. Ele narra, em páginas cheias de realismo, os feitos heroicos dos soldados que defenderam a cidade, e suas histórias são lidas até mesmo pelo tsar, embora também sejam submetidas à censura, para a ira do escritor.

Em 1856, são publicados *Juventude*, *Sebastopol em agosto de 1855*, *Manhã de um senhor de terra*, *A tempestade de neve* e outros contos. No ano seguinte, viaja à Europa Ocidental e, quando retorna à sua propriedade rural, trabalha ao lado dos camponeses com grande vitalidade. Como deseja fundar uma escola para os filhos dos servos de Iásnaia Poliana, faz uma segunda viagem à Europa para estudar métodos pedagógicos na França e na Alemanha. *Os cossacos* e *Albert* são desse período. Funda a tão desejada escola em seu vilarejo e em cidades vizinhas. Em 1861, ocorre a emancipação dos servos, e suas consequências lhe trazem grandes preocupações. Nesse período, é nomeado juiz de paz para resolver as tensas relações entre os antigos senhores e os servos libertados. Ao mesmo tempo, sua propriedade e as escolas que havia fundado são revistadas pela polícia do tsar em busca de propaganda revolucionária, o que o deixa indignado.

Em setembro de 1862, casa-se com Sófia Behrs, também conhecida como Sônia, a quem confessa seu passado frívolo no que diz respeito aos relacionamentos com mulheres. Os primeiros anos de convivência do casal são bons. Entre 1862 e 1869, Tolstói se dedica quase que exclusivamente a escrever *Guerra e paz*, que se transforma em um grande sucesso. Sófia trabalha como sua secretária. Após quatro anos de intensa leitura, em 1873, ele começa a escrever seu segundo grande romance, *Anna Kariênina*, publicado em 1877. Durante esses anos, seu pensamento evolui do liberalismo humanitário para um conservadorismo cada vez mais extremo.

Por volta da época da publicação de *Anna Kariênina*, Tolstói passa por uma crise espiritual. Ele havia tido dez filhos com Sófia; três deles morreram na infância, outros três nasceriam mais tarde. As recorrentes crises existenciais o levam a frequentes confrontos com a esposa e a pensamentos suicidas. O que o salva é o apego à religião. Ele se torna um seguidor radical do Evangelho: a vida é para Deus e para os outros. É preciso estabelecer uma sociedade igualitária, na qual prevaleçam o amor, o perdão, a reconciliação e um senso metafísico da unidade da raça humana. Tolstói renuncia à sua produção literária anterior, que considera superficial e desinteressante. Além de seus romances e contos, explicita suas ideias religiosas em ensaios filosófico-religiosos, especialmente em *Confissão* (1882), e manifesta sua nova posição em *O que é arte?* (1898).

Todas essas ideias, que podem parecer louváveis, levam-no a se distanciar de sua esposa e da maioria de seus filhos. Iásnaia Poliana torna-se um centro de reflexão religiosa, lotado de pessoas estranhas e curiosas; isso faz com que ele deixe de lado suas obrigações familiares para se dedicar a seus escritos e ao grupo de seguidores. Suas posições extremas sobre a propriedade privada, a não-violência e o papel do Estado — pode-se falar em um anarcoutopismo cristão como essência da doutrina de Tolstói nesse período — eram fonte constante de discussões com alguns de seus filhos, que não compartilhavam dessas posições teóricas. Ele esteve a ponto de deserdar sua família para distribuir sua propriedade entre os camponeses. O radicalismo que professa nessa época aparece em *Sonata a Kreutzer* (1889), livro no qual ataca o casamento e o considera uma "prostituição legalizada". Ao mesmo tempo, tinha inquietações morais, pois pregava o desapego e a pobreza, mas vivia em uma casa nobre, cercado de criados, embora pessoalmente tentasse não se deixar servir.

Em 1886, publica uma de suas obras-primas, *A morte de Ivan Ilitch*, e em 1891 renuncia a seus direitos autorais e permite que as obras posteriores a 1881 sejam publicadas sem a sua autorização. Dentre outras atividades, também em 1891 vai com a esposa e duas de suas filhas à região de Riazan, onde a fome assolava a população. Diante de tal situação, envia declarações a alguns jornais para divulgar o estado em que se encontrava a região. As autoridades políticas decidem censurar suas obras. O apoio de Tolstói a uma seita pacifista que proclama o amor universal e recusa o uso de armas e o serviço militar — os *doukhobors* — coloca-o na mira das autoridades, que decidem exilar alguns de seus discípulos, mas não ele, para que não o transformassem em um mártir.

Seu último grande romance, *Ressurreição*, foi publicado em 1898. Tolstói tinha como desejo reverter toda a renda da venda desse livro aos *doukhobors*, exilados no Canadá. O Consistório do Santo Sínodo da Igreja Ortodoxa interpreta o romance como um ataque à Igreja e decide negar-lhe ajuda espiritual caso não mostrasse sinais de arrependimento. Durante a guerra contra o Japão (1904-1905), ele adota uma postura pacifista e humanitária.

Seus últimos anos são marcados por tensões entre sua família e seus discípulos e, em particular, entre a esposa e o líder dos tolstoianos, Vladímir Tchertkov. A décima segunda filha do casal Tolstói, Aleksandra Lvovna, nos deixou suas memórias, intituladas *A vida com meu pai*. Ela dedicou toda a vida a acompanhar o escritor, cercando-o de afeto e compreensão, e também foi sua secretária pessoal. Sasa, como era chamada pela família, descreve o ambiente de Iásnaia Poliana como carregado de tensão e desentendimentos. Ela atribui toda a culpa por esse estado à mãe, que, por sua vez, recebia o apoio da maioria dos filhos. Ela acredita que Sófia era uma pessoa egoísta, incapaz de compreender o marido e com sérios distúrbios psíquicos. De acordo com seu ponto de vista, Tolstói foi vítima de uma mulher possessiva, egocêntrica e desequilibrada.[1] Mas talvez as excentricidades do último período do escritor, dedicado quase que inteiramente ao mundo intelectual, entre trabalhos e discípulos, tenham contribuído para o desequilíbrio de Sófia.

Todas essas circunstâncias tornam compreensível que, em outubro de 1910, Tolstói deixe sua casa secretamente e vá para o mosteiro de Óptina Pustyn, onde vivia sua irmã Maria. Uma vez lá, decide continuar a viagem, pegando um trem para a distante Novocherkassk. Porém, precisa parar na estação de Astapovo, pois não se sente bem. Segue a viagem acompanhado por seu médico e aluno Dusan Petrovic Makovitski e Sasa. Cumprindo as instruções de Tolstói, sua filha chama Tchertkov para ir até seu leito, mas também — por decisão própria — solicita a presença de seu irmão e de um médico de confiança. A família, desse modo, toma conhecimento do estado crítico de Tolstói e dirige-se, imediatamente, para a estação. Quando chegam, toda a Rússia já havia ouvido a notícia, e a pequena cidade está cheia de jornalistas e fotojornalistas: o escritor era uma figura quase mítica no país naquela época.

Sasa e os médicos acreditam que se o doente visse sua esposa poderia morrer na hora e impedem que Sófia entre no quarto onde estava. Ela não tem

---
1 Aleksandra Lvovna Tolstaja, *La vita con mio padre*, Roma, Castelvecchi, 2014.

permissão para entrar até que Tolstói perca a consciência. O grande escritor morreu no quarto que lhe foi cedido pelo chefe da estação de Astapovo em 7 de novembro de 1910. Suas últimas palavras foram: "Amo muito... amo a todos".[2]

* * *

Isaiah Berlin escreveu um famoso ensaio intitulado *O ouriço e a raposa*. Ele começa o escrito citando um dos fragmentos remanescentes do poeta grego Arquíloco: "A raposa sabe muitas coisas, mas o ouriço sabe apenas uma, e muito importante", uma frase que permite muitas interpretações. Berlin a utiliza como um critério para classificar pensadores, artistas e outros seres humanos. Os ouriços são aqueles que se guiam por um princípio ordenador, um elemento-chave de sua visão de mundo. Eles alcançam um pensamento coerente, que explica a realidade. Já as raposas são pessoas que veem o mundo como uma diversidade de casos singulares, de exceções. Como as raposas, as pessoas vão de um lado para o outro, mas não conseguem organizar a caótica complexidade da vida. De acordo com Berlin, Dante, Platão, Hegel, Dostoiévski, Nietzsche e Proust eram ouriços, enquanto Aristóteles, Shakespeare, Montaigne, Molière, Goethe, Balzac e Joyce, raposas. O ensaio

---

2   Cf. António Ríos. *Lev Tolstoi. Su vida y su obra*, Madri, Rialp, 2015.

é dedicado a uma análise da filosofia da história de Tolstói, e Berlin está inclinado a pensar que o escritor russo tinha algo de ouriço e algo de raposa.[3]

Acompanhando Berlin em parte, mas deixando de lado o aspecto específico de sua filosofia da história, podemos nos perguntar: qual seria o grande tema da obra de Tolstói, o que lhe daria unidade? Arriscaria dizer que é a vida. Uma vida infinita, que vai de Deus à natureza material, mas que se concentra na vida humana. O escritor deixará para a posteridade uma galeria de personagens inesquecíveis — Pierre Bezúkhov, Natacha Rostóv, Anna Kariênina, Lióvin, Ivan Ilitch, apenas para citar alguns — e o leitor se lembrará deles em seus ambientes sociais e cotidianos, entre salões, casas senhoriais, *isbás* e também entre florestas, campos semeados e prados, observados de cima por um Deus que tudo vê.

Não há dúvida de que Tolstói estava muito interessado na análise da vida humana. De acordo com o crítico Tchernichevski, seu traço original era a observação dos movimentos mais secretos de sua própria vida psíquica para compreender a psicologia dos outros. "Para Tolstói, a subjetividade significava, desde o início, a psicologia como uma função da própria compreensão dos problemas da vida em sua dupla manifestação, individual e social."[4]

---
[3] Isaiah Berlin. *El erizo y la zorra*. Barcelona, Península, 2009.
[4] Lo Gatto, *op. cit.*, p. 339.

Ouriço, pela preocupação com a vida; raposa, porque corre de um lado para o outro descobrindo as mil e uma manifestações dessa vida infinita. Suas descobertas se desdobram nas milhares de páginas de sua produção literária. Além dos três grandes romances — *Guerra e paz*, *Anna Kariênina* e *Ressurreição* — há quase uma centena de novelas e contos. É impossível analisar toda a sua obra em um livro como este. Escolhemos *Guerra e paz* e *Anna Kariênina*, além de dois contos que pertencem ao período de seu radicalismo cristão.

Guerra e paz

Escrito em Iásnaia Poliana ao longo de sete longos anos, *Guerra e paz* é apresentado como uma monumental epopeia do povo russo — é a obra mais longa que discutiremos neste livro —; como uma reconstrução romanceada, mas realista, de um período histórico marcado pelas guerras napoleônicas; e também como um grande mural que expressa todas as dimensões da existência humana, tanto individuais quanto sociais. É este último aspecto que faz do romance um clássico da literatura mundial. Em suas páginas, Tolstói levanta o véu que encobre as paixões e os sentimentos da alma: amor, ódio, perdão, vaidade, crueldade, ambição, maldade, grandeza, loucura, sensatez, fé religiosa, ateísmo, ciência, sabedoria popular, todos estão presentes em

Guerra e paz. Os personagens interagem através de diferentes relações sociais e são guiados por um destino superior, que os leva a objetivos históricos que, muitas vezes, não são buscados individualmente.

O romance se passa entre 1805 e 1812, embora o Epílogo conte a história dos personagens principais na década seguinte. Tolstói descreve as vicissitudes de algumas famílias russas durante o período napoleônico, desde a véspera da batalha de Austerlitz até a derrota do exército francês e sua saída do território russo em 1812. As três famílias centrais da história são os Rostóv — formada pelos condes e seus filhos Vera, Nikolai, Natacha e Pétia, e a sobrinha Sônia; os Volkónski — um velho príncipe e seus filhos Andrei e Mária; e o conde Pierre Bezúkhov, casado com Hélène Kuráguin. O romance se desenvolve em cenários urbanos, principalmente nos salões de São Petersburgo e Moscou; na propriedade rural dos Volkónski, perto de Smolensk; na propriedade dos Rostóv, perto da antiga capital; e nos campos de batalha da Europa Central, da Moldávia aos arredores de Moscou.

Essa obra foi comparada à *Ilíada* de Homero e muitas são as analogias entre os dois clássicos. Tanto Homero quanto Tolstói contam a história de uma guerra. A guerra é o pano de fundo de suas respectivas narrativas. Os campos de batalha — descritos com maestria tanto pelo grego quanto pelo russo — são contemplados de cima por seres superiores: no caso de Homero, pelos deuses do Olimpo; no de Tolstói, por um Ser próprio que governa a história. Tolstói escapa do determinismo de Homero: os personagens principais tomam decisões livres, mas muitas vezes há a chamada "heterogênese dos fins", ou seja, o que aquele personagem, individualmente, pretende em uma determinada ação produz, na interação com milhões de outras ações de outros personagens, um fruto indesejado, imprevisto ou inesperado.

Durante a narração da Guerra de Troia, Homero delineia as características de alguns de seus heróis: ao ler a *Ilíada*, conhecemos as histórias de Aquiles, Heitor, Agamênon, Páris, Helena, Ájax, Andrômaca etc. Em *Guerra e paz*, também entramos nas batalhas que envolvem as campanhas napoleônicas entre 1805 e 1812, e o fazemos pelas mãos do príncipe Andrei Volkónski, do conde Pierre Bezúkhov e de Nikolai Rostóv. Não faltam análises psicológicas dos senhores da guerra, em especial de Napoleão e do general Kutúzov.

O russo

Guerra e paz é um livro profundamente russo e universal. Veremos, em primeiro lugar, aquilo que é especificamente russo. Em suas páginas, Tolstói delineia as diferentes idiossincrasias entre São Petersburgo e Moscou. Muitos de seus personagens viajam continuamente entre as duas capitais. Em São Petersburgo, há uma atmosfera cosmopolita, as pessoas falam francês o tempo todo, admiram Napoleão e tudo o que vem do Ocidente. Em Moscou, respira-se um ar mais próximo da simplicidade dos costumes rurais, há uma maior consciência de se estar no coração da nação, e os sentimentos patrióticos que levarão à luta contra a invasão francesa serão mais facilmente despertados. São Petersburgo também reage à invasão, mas o faz à distância e de forma morna; a Rússia bate com o coração de uma Moscou sitiada, queimada e recapturada. Como se pode ver, as correntes culturais mencionadas no primeiro capítulo — ocidentalista e eslavófila — podem ser vistas nesse romance, embora ainda estejam em um estágio incipiente.

É interessante notar que Napoleão considerava Moscou uma cidade asiática, cujas igrejas se assemelhavam aos templos chineses. Ao emissário do tsar Alexandre, Balachov, pergunta:

> [...] coisas da capital russa, querendo saber não como um viajante curioso que indaga sobre uma cidade que deseja visitar, mas como se estivesse convencido de que Balachov ficaria lisonjeado com aquele interesse.
> — Quantos habitantes tem Moscou? Quantas casas? É verdade que Moscou é chamada de cidade santa? Quantas igrejas existem? — perguntou ele.
> Ao ouvir que havia mais de duzentas, Napoleão comentou:
> — Mas por que tantas igrejas?

— Os russos são muito devotos — respondeu Balachov.

— O número de igrejas e conventos quase sempre se relaciona com o atraso de um povo — comentou Napoleão.

Balachov se permitiu dizer, respeitosamente, que não compartilhava da opinião do imperador francês.

Também é profundamente russo o retrato que Tolstói faz dos diferentes grupos sociais: a nobreza palaciana de São Petersburgo, frívola e ao redor da corte; a nobreza rural representada pelos Rostóv e, em parte, pelos Volkónski; os servos que povoam os palácios das duas cidades, geralmente submissos e ligados por laços de afeto a seus senhores; os servos das aldeias rurais, ignorantes e resignados às limitações de sua condição.

O espírito russo, compartilhado por todas as classes sociais, vibra em uma cena encantadora apresentada ao leitor na metade do romance. Nikolai, Natacha e Pétia Rostóv vão visitar o tio em sua propriedade rural depois de uma caçada. Após o almoço, o grupo vai a um salão em que se ouviam os sons de uma balalaica tocando músicas folclóricas. Natacha, uma nobre, não se opõe a dançar com os servos do tio e o faz de forma admirável. Tolstói se pergunta:

Onde, quando e como se formou o espírito russo que respirava aquela jovem condessa, educada por uma emigrante francesa? Onde ela aprendeu aquelas maneiras que pareciam ter sido apagadas há tantos anos? O medo que havia tomado conta de Nikolai e de todos os presentes — o medo de que ela não fizesse o que era o adequado — desapareceu instantaneamente, e eles ficaram encantados com ela. Natacha fez exatamente o que deveria, e com tanta perfeição que Aníssia Fiódorovna, que lhe trouxera o lenço para o baile, derramou lágrimas e sorriu ao ver a graciosa condessa, que, apesar de ter sido criada entre sedas e veludos, conseguia entender o que havia nela, Aníssia, em seu pai, em seu tio, em sua mãe e em todas as almas russas.

A alma da nação está em sua música, em suas danças, mas também em seu poder político tradicional. Tolstói apresenta a autocracia do tsar de forma benevolente. Alexandre I ainda é jovem, de boa aparência, e sua figura desperta o entusiasmo de todos, nobres e pessoas comuns. Nikolai Rostóv, em particular, demonstra sentimentos de veneração quase religiosa por ele. Os exércitos da Rússia e da Áustria estão nas proximidades de Olmütz. Alexandre está prestes a passar em revista suas tropas.

Rostóv, na linha de frente do exército de Kutúzov, a primeira também no caminho do imperador, experimentou, como todos os outros, aquele sentimento coletivo de esquecimento de si mesmo, de orgulhosa consciência de força e de entusiasmo apaixonado pelo herói daquela solenidade. Ele pensou que uma única palavra daquele homem seria suficiente para fazer com que toda a massa e ele próprio, um pequeno átomo, corressem para o fogo e para a água, prontos para cometer crimes e atos heroicos, e sentia seu corpo tremer e quase desmaiar na presença daquele que personificava aquela palavra [...]. Rostóv, que estava a uma pequena distância das trombetas, não tirava os olhos de seu soberano e, quando estava a vinte passos dele e pôde distinguir suas feições jovens e gentis, experimentou um sentimento de ternura e entusiasmo que lhe era desconhecido até aquele momento. Tudo no imperador era fascinante.

O mesmo acontece com o povo. Na ocasião de uma visita do tsar a Moscou, as pessoas lotam a Praça Vermelha para vê-lo passar. Ouvem-se aplausos entusiasmados:

— Anjo... Viva! Pai... Viva! — gritava a multidão em delírio.

A religiosidade do povo é retratada em muitas páginas do romance. É particularmente comovente a cerimônia religiosa que ocorre no acampamento russo antes da batalha de Borodinó. Vale a pena transcrevê-la na íntegra:

A procissão, que havia deixado a igreja, descia as encostas da colina Borodinó. Na frente, ao longo da estrada empoeirada, a infantaria marchava rapidamente. Todos os soldados estavam com a cabeça descoberta e com os fuzis apontados para baixo. Atrás da infantaria, ouviam-se os cânticos dos sacerdotes. Os soldados e milicianos corriam sem chapéu e passavam por Pierre.
— É a nossa Santa Mãe de Deus, nossa protetora... Ivérskaia...!

— É a nossa Santa Mãe de Deus de Smolensk! — corrigiu um dos soldados.

Os milicianos, tanto os da aldeia quanto os que trabalhavam na bateria, deixaram suas pás e picaretas e correram para a procissão. Atrás do batalhão, que ainda se movia pela estrada empoeirada, estavam os sacerdotes em suas casulas. Um deles era idoso e usava o hábito, acompanhado de coroinhas e cantores. Atrás deles, alguns soldados e oficiais carregavam em seus ombros uma grande imagem com um rosto escuro e muito decorado. Era a imagem que havia sido trazida de Smolensk e que, desde então, acompanhava o exército. Uma multidão de soldados ia e vinha e corria ao redor da imagem, curvando-se até o chão diante dela.

No topo da colina, a imagem parou. Os homens que a carregavam a deixaram em um pedaço de pano e foram substituídos por outros. Os diáconos acenderam os incensários de novo e começaram a cerimônia de ação de graças. Os raios quentes do sol caíam perpendiculares. Uma brisa fresca agitava os cabelos das cabeças descobertas e balançava as fitas dos arcos que adornavam a imagem. O canto, sob o céu aberto, não parecia tão alto. Uma enorme multidão de oficiais, soldados e milicianos cercavam a imagem. Atrás dos sacerdotes, em um espaço vazio, estavam o diácono e as autoridades. Um general careca, condecorado com a Cruz de São Jorge, ficou atrás do sacerdote e, sem fazer o sinal da cruz, esperou pacientemente pelo fim da cerimônia, que ele, sem dúvida, acompanhou para estimular o patriotismo do povo russo. Outro general, em uma atitude marcial, movia a mão na frente do peito e olhava ao seu redor. Entre esse grupo de autoridades, Pierre, que estava no meio dos camponeses, reconheceu alguns de seus amigos, mas não olhou para eles, pois toda a sua atenção estava concentrada na expressão séria no rosto daqueles que contemplavam a imagem. Assim que o diácono, que estava cansado pois era a vigésima vez que entoava os salmos daquela cerimônia, começou a cantar com preguiça: "Santa Mãe de Deus, salvai da desgraça vossos escravos!", e o sacerdote entoou: "Nos dirigimos a Vós, como a uma muralha indestrutível, para que nos proteja", a mesma expressão de consciência da solenidade daquele momento espalhou-se outra vez por todos os rostos, e as cabeças se curvaram ainda mais, os cabelos balançaram ao vento e ouviram-se os suspiros e o murmúrio do esfregar das mãos fazendo o sinal da cruz no peito.

De repente, a multidão que cercava a imagem se movimentou e alguém, provavelmente um personagem importante, a julgar pela pressa com que abriam espaço para ele, empurrou Pierre e se aproximou da imagem.

Era Kutúzov inspecionando a posição. Ao retornar de Tatárinova, ele tinha ido participar da cerimônia. Pierre reconheceu Kutúzov imediatamente por sua figura singular, diferente de todas as demais. Seu corpo enorme, com uma longa sobrecasaca, costas com ombros arredondados, cabeça branca e descoberta e um olho vazado, não podia ser confundido com ninguém. Kutúzov, com seu andar cansado e hesitante, entrou no círculo e parou em frente ao sacerdote. Fez o sinal da cruz com um gesto mecânico, tocou o chão com a mão e, suspirando profundamente, inclinou a cabeça grisalha. Bennigsen e a comitiva estavam atrás dele. Apesar da presença do comandante em chefe, que atraía a atenção dos oficiais superiores, os soldados e os milicianos continuaram a rezar sem olhar para ele.

Quando a cerimônia terminou, Kutúzov aproximou-se da imagem, ajoelhou-se pesadamente e fez uma reverência, e precisou fazer um grande esforço para se levantar, pois seu corpo pesado o impedia. Por fim, conseguiu, com todo o semblante congestionado pelo esforço e com uma expressão infantil e inocente, beijar a imagem e, outra vez, abaixou-se e tocou o chão. Os generais seguiram o seu exemplo, assim como os oficiais. Depois deles, empurrando-se uns aos outros, arquejando, com o rosto ruborizado e emocionados, os soldados e os milicianos se aproximaram, por sua vez, da imagem sagrada.

Tudo isso é essencialmente russo e ortodoxo, como os peregrinos que vão de santuário em santuário e que passam pela casa senhorial de Volkónski, onde a princesa Mária os recebe quase secretamente. E Platon Karatáiev, companheiro de infortúnio de Pierre Bezúkhov após o incêndio em Moscou, com sua piedade simples e confiança filial na providência, é para o conde "a personificação mais completa de tudo o que é verdadeiramente russo, bom e honesto".

O universal

Esses elementos estão inseridos em uma filosofia da história — que Tolstói afirma ser universal — e em uma antropologia ou visão do ser humano que fala não apenas de ser russo, mas também de ser uma pessoa humana.

Tolstói desenvolve sua filosofia da história em vários capítulos teóricos, inspirando-se nos eventos da guerra e criticando os historiadores que escreveram a respeito dos episódios narrados. O sentido da história não é dado pelas decisões de grandes homens — Napoleão, Alexandre, Kutúzov etc. —, mas dirigido por um Deus providente, que conta com todas as ações, mesmo as menores, de todas as pessoas, para conduzi-las ao fim estabelecido. Na superfície da Terra, planos são feitos, estratégias são traçadas, previsões desenvolvidas, mas a história segue o seu curso apesar dos projetos humanos. Nem Austerlitz, nem Borodinó, nem o incêndio de Moscou foram programados por homens grandes ou insignificantes. O que aconteceu tinha de acontecer.

> Todo ser humano vive para si, desfruta da liberdade de atingir seus objetivos pessoais e sente, com todo o seu ser, o que pode e o que não pode fazer. Entretanto, assim que faz algo, descobre que esse ato se torna irreversível e que a história se apodera dele. Não se trata mais de uma ação livre, mas predestinada.
> Na existência de todos os seres humanos há dois aspectos: a vida pessoal, que é tanto mais livre quanto mais abstratos forem seus interesses, e a vida geral, social, na qual a pessoa inevitavelmente obedece às leis que lhe foram prescritas. Os seres humanos vivem conscientemente para si mesmos, mas servem como um instrumento inconsciente para os fins históricos da humanidade. A ação realizada é irreparável e, ao concordarem ao mesmo tempo com milhões de outras ações realizadas por outros seres humanos, ela adquire significado histórico.

Além das leis do movimento histórico, o escritor russo enfatiza a existência de uma lei natural, que estabelece o certo e o errado, que deve ser seguida para que se alcance uma existência plena. A "grandeza" humana não está em grandes feitos, mas na retidão moral. Napoleão pode ser chamado de grande? Tolstói nos dá uma resposta contundente. Ele ressalta que alguns historiadores perdoam tudo o que Napoleão fez porque ele foi "grande":

> Quando lhes faltam argumentos para justificar uma ação contrária ao que a humanidade reconhece como bom e justo, ah, então eles evocam, em tom solene, a noção de grandeza, como se ela pudesse excluir a noção de bem e mal. Se fosse possível compartilhar seus pontos de vista, não haveria nada de errado nas ações de alguém que é grande e nenhuma atrocidade poderia ser-lhe atribuída. Ele é grande! — dizem os historiadores, e isso lhes basta. Para eles, o bem e o mal não existem. Apenas "o que é grande e o que não é" conta, e "grandeza" é para eles o atributo essencial de certos personagens para os quais dão o título de herói. O próprio Napoleão, que, envolto em um magnífico brasão, partiu abandonando todos aqueles que entraram na Rússia com ele, descreve-se como "grande".
> E de todos aqueles que, há cinquenta anos, o chamam de Napoleão, o Grande, não há um só que compreenda que admitir a "grandeza" fora das leis eternas do bem e do mal equivale a reconhecer a sua inferioridade e a sua pequenez moral. Em nossa opinião, a medida do bem e do mal dada por Cristo deve ser aplicada a todas as ações humanas. Não pode haver "grandeza" onde não há simplicidade, bondade ou verdade.

Essa "grandeza moral" é algo que deve ser conquistado por meio de uma luta interior para adquirir virtudes e desenvolver o caráter. Um dos méritos mais evidentes de *Guerra e paz* é a transformação espiritual vivenciada por alguns dos personagens ao longo da narrativa. Os casos mais característicos são os de Andrei Volkónski e Pierre Bezúkhov.

Tolstói apresenta Andrei como um militar de futuro promissor, filho do príncipe Volkónski. Ele é casado com Liza, que está grávida. As relações entre marido e mulher são bastante frias, devido à personalidade sombria de Andrei. Ele leva a esposa para a mansão do pai e se junta ao exército russo, que, aliado ao exército austríaco, luta contra Napoleão. Andrei tem uma vida economicamente confortável. Suas aspirações se concentram em si mesmo: ascender na hierarquia militar, ganhar a confiança de seus superiores e desempenhar um papel brilhante na sociedade.

Na batalha de Austerlitz, é ferido e cai no chão. Quando recupera a consciência e abre os olhos, vê um esplêndido céu azul e, em seu interior, capta algo profundo na criação:

> Que serenidade, que paz! — dizia para si — Como não havia percebido essa imensidão sem limites antes, como estou feliz por tê-la, por fim, observado... Sim, exceto por isso, tudo é vazio e decepção. Não há nada além da serenidade e do repouso. Deus seja louvado!

Essa experiência do ilimitado o conscientizou da insignificância das coisas deste mundo. O próprio

Napoleão — outrora admirado por Andrei — dirigiu-
-lhe algumas palavras após a batalha, pois o príncipe
havia sido feito prisioneiro.

No entanto, elas não despertaram nenhum interesse nele e ele logo as esqueceu. Sua cabeça doía. À medida que perdia cada vez mais sangue, sentia sua força esvaindo-se e apenas conseguia ver o céu distante e eterno. Ele havia reconhecido Napoleão, seu herói, mas, naquele momento, que pequeno e insignificante parecia em comparação ao que estava acontecendo entre sua alma e aquele céu sem limites!

Quando ele retorna à casa de seu pai, sua esposa está dando à luz. Infelizmente, ela morre durante o parto. Andrei não entende o significado da dor que o acomete, e o horizonte se fecha para ele mais uma vez. Ouve com ceticismo as palavras reconfortantes de sua irmã Mária, uma mulher com muita fé e que se identificava com a figura de um Cristo paciente, que permite o sofrimento para o nosso próprio bem. A vida de Andrei gira em torno de si próprio: ele se contenta em não fazer mal aos outros, mas ainda não consegue encontrar um motivo profundo para viver uma vida significativa.

O amor que nasce em seu coração por Natacha Rostóv restaura sua esperança e alegria. Seu pai — um homem idoso de personalidade difícil — se opõe ao casamento, pois considera que Natacha não está à altura da posição social dos Volkónski. Fica decidido que Andrei retorne ao exército, que se preparava para a guerra, e espere um ano até que o casamento pudesse ser realizado. Durante sua ausência, Andrei fica sabendo do fugaz caso de amor de Natacha com Anatole Kuráguin — um jovem frívolo, irresponsável e egoísta, cunhado de Pierre. Ela rompe com Andrei. Mais uma vez, o sentido da vida desaparece de seu horizonte: ele se dedica, com todas as suas forças, aos deveres militares, que o absorvem por completo, de modo que não pensa em seu sofrimento. Ao mesmo tempo, procura Kuráguin para se vingar.

Na batalha de Borodinó, é gravemente ferido e levado a um hospital de campanha, sangrando muito. A dor e a proximidade com a morte transformam a alma de Andrei. Ao seu lado está um homem ferido, que grita desesperadamente de dor: é ninguém menos que Anatole Kuráguin.

> Sim, é ele... Esse homem está ligado a mim por algo muito íntimo e doloroso — pensou o príncipe Andrei. — Mas qual é a ligação entre ele e a minha infância, a minha vida? Por mais que pensasse, não conseguia encontrar a resposta. E, de repente, uma lembrança nova, inesperada, pura e amorosa da época de sua infância veio à mente do príncipe. Ele se lembrou de Natacha, tal como a havia visto no baile de 1810, com o pescoço esguio e delicado, os braços bem torneados, o rosto resplandecente e assustado, pronto para se entusiasmar, e o amor e a ternura por ela renasceram mais fortes do que nunca em sua alma. Isso o fez lembrar do vínculo que existia entre ele e aquele homem que, através das lágrimas que encobriam seus

olhos, o olhava de uma forma estranha. O príncipe Andrei lembrou-se de tudo, e um sentimento de pena e ternura por aquele homem encheu seu coração.

Não pôde mais se conter e chorou pelos outros e por si, pelos erros dos outros e pelos próprios.

— Misericórdia, amor pelos outros, amor por aqueles que nos amam, amor por aqueles que nos odeiam! — ele murmurou. Devemos ser misericordiosos até mesmo com nossos inimigos. Esse é o amor que Deus pregou entre as pessoas, o amor que a princesa Mária me aconselhou e que eu não compreendia. É por isso que lamento morrer. Se eu estivesse vivo, amaria todos os meus inimigos, mas agora é tarde demais, sei disso!

Andrei não morre no hospital. Ele consegue chegar a Moscou e, de lá, é levado para uma casa de campo de propriedade dos Rostóv, onde reencontra Natacha e sua irmã Mária. Os dias de agonia confirmam a conversão interior de Andrei. Ele se pergunta se a morte é um despertar: "Esse pensamento cruzou sua mente como um meteoro, e uma ponta do véu que ainda ocultava o desconhecido se levantou em sua alma. Ele sentiu que seu corpo havia se libertado dos laços que o prendiam à terra e experimentou um misterioso bem-estar que nunca mais o abandonou". Pediu o Evangelho, confessou-se, recebeu a comunhão e expirou cercado pelo afeto e pela tristeza de Natacha, sua irmã Mária e seu filho. Mais uma vez, aquele céu sem limites que havia lhe trazido paz e serenidade em Austerlitz se abriu para Andrei.

É Pierre Bezúkhov quem passa pela mudança mais radical. Tolstói nos apresenta esse personagem no início do romance como um homem de aparência desleixada, alto, obeso e com um ar distraído. Ele é o filho de um conde muito rico que está prestes a morrer e que deixa toda a herança para Pierre. De mentalidade francesa e admirador de Napoleão, leva uma vida social superficial. Apaixonado por álcool e mulheres, causa escândalos em São Petersburgo, participando de orgias e farras, levando uma vida mundana.

Apesar da superficialidade nas relações sociais, ele sempre se questiona sobre o significado de sua vida, mas não encontra respostas e se entedia profundamente. Casa-se com Hélène Kuráguin — uma das mais belas e frívolas damas dos salões de São Petersburgo —, mas o casamento não dá certo. Fica evidente que ela se casara por interesse e, além disso, traía o marido. Bezúkhov desafia o amante da esposa para um duelo, separa-se dela e entra em uma grave crise espiritual, da qual sairá ao entrar em contato com uma ordem maçônica. A afirmação da existência de um Ser Supremo, o Grande Arquiteto do Universo, e as leis morais que devem reger a conduta dos homens lhe proporcionam luz e uma certa paz interior, embora se incomode com a inconsistência da vida de alguns maçons.

Aos poucos, Pierre suaviza seu caráter e se torna conselheiro de pessoas que precisam de ajuda, como

Natacha Rostóv, após seu caso com o cunhado Anatole. Também aconselha Andrei. Quando a guerra contra os franceses se intensifica, ele ajuda pagando por um regimento de milicianos. Ele mesmo decide ir para o campo de batalha. Participa da batalha de Borodinó, embora sua presença seja mais um estorvo do que uma ajuda para as manobras dos soldados no calor da batalha. Fica comovido com a dor de tantas pessoas anônimas. Ao mesmo tempo, vai adquirindo mais liberdade interior, pois abandona muitas coisas supérfluas — confortos, prazeres, riquezas — e se sente mais leve, aprofundando-se no que é essencial.

Retorna a Moscou e está na cidade quando os franceses entram; está obcecado em matar Napoleão — a quem tanto admirava alguns anos antes —, e justifica esse desejo com algumas leituras apocalípticas em chave maçônica, que indicam que o imperador francês é o Anticristo. Acusado falsamente de ser um dos incendiários de Moscou, é preso. Seu companheiro de prisão é Platon Karatáiev, um homem cheio de bondade e sabedoria popular. Pierre fica comovido com a fé simples de Platon, que lhe conta sua história:

> Eu também era um senhor, possuía muitas terras e, graças a Deus, nós e os camponeses vivíamos confortavelmente. O trigo rendia sete por um, éramos felizes e vivíamos como cristãos; mas um dia...

E Platon Karatáiev contou como, depois de cortar madeira em uma floresta vizinha, foi descoberto pelo guarda florestal, que lhe deu um tapa no rosto e, após seu julgamento, o mandaram para o exército.

— Bem, meu amigo — continuou, sorrindo —, pensei que seria uma desgraça, mas foi sorte o que nos aconteceu. Se não fosse pelo meu erro, meu irmão teria sido obrigado a partir, deixando cinco filhos para trás. Por outro lado, deixei apenas minha esposa... Eu tinha uma filha pequena, mas o bom Deus a chamou para Si. Voltei para casa uma vez, de licença, e o que posso lhe dizer? Eles vivem melhor do que antes, porque há menos bocas para alimentar. As mulheres estavam em casa e os dois irmãos fora, viajando. Só Mikhail, o caçula, estava em casa... E meu pai me disse: "Para mim, meus filhos são todos iguais. Seja qual for o dedo mordido, a dor é a mesma. Se Platon não tivesse ido embora, teria sido a vez de Mikhail". Em seguida, ele nos reuniu diante de uma imagem: "Mikhail — disse — venha aqui, ajoelhe-se diante Dele e você também, mulher, e vocês, meus netos..." Estão me entendendo?... E assim é, meu amigo. É o acaso que escolhe e nós julgamos e reclamamos... Nossa felicidade, meu amigo, é como a água na rede do pescador: você a puxa e ela parece cheia; você a levanta e não encontra nada.

Houve um momento de silêncio, e então Platon se levantou.

— Você quer dormir? — E ele começou a fazer o sinal da cruz rapidamente, murmurando: Nosso Senhor Jesus Cristo, São Nicolau, Frola e Lavra, tenham piedade de nós!

Ele se abaixou até que sua cabeça tocou o chão, levantou-se, exalou um suspiro, deitou-se na palha e se cobriu com um manto.

— Que oração é essa que você acabou de fazer?

— O quê? — murmurou Platon, que já estava cochilando. — Eu rezei, só isso... Você não reza?

— Sim, eu também rezo, mas o que você estava dizendo sobre Frola e Lavra?

— Você não sabe, por acaso, que eles são os santos padroeiros dos cavalos? Nunca se esqueça dos animais. Olha só o malandro que veio se aquecer aqui — acrescentou, passando a mão nas costas do cachorro que estava encolhido a seus pés. Depois disso, virou-se e adormeceu.

Do lado de fora, ao longe, ouviam-se gritos de dor e angústia e, pela rachadura das tábuas e dos beirais mal ajustados, a luz sinistra do fogo passava. Dentro do quartel, tudo estava escuro e silencioso. Pierre levou muito tempo para conseguir dormir. Com os olhos bem abertos na escuridão, ouvia, de modo mecânico, o ronco sonoro de Platon e sentia que o mundo de crenças que havia desmoronado em sua alma renascia mais belo do que nunca e repousava em alicerces que seriam inabaláveis dali em diante.

Os dois prisioneiros são forçados a acompanhar o exército francês em sua retirada para o Ocidente. Eles sofrem muitas dificuldades, e Platon não sobrevive ao esforço. Exausto, senta-se embaixo de uma árvore. Dois soldados franceses atiram nele duas vezes e ele morre. Pierre resiste, mas, acima de tudo, tem uma luz dentro de si que não tinha antes. Quando é libertado, de volta a Moscou, ele percebe sua mudança interior.

Ele não havia abandonado nenhum de seus velhos hábitos e, às vezes, se perguntava: "O que farei agora?" E respondia para si: "Nada, vou viver, como é bom viver". Não tinha nenhum objetivo na vida, e aquela indiferença, que antes tanto o atormentava, naquele momento lhe dava a sensação de liberdade ilimitada. Por que ele deveria perseguir um objetivo agora que tinha fé, não fé em certas regras e certas ideias convencionais, mas fé em um Deus vivo e sempre presente? No passado, ele O havia procurado nas missões que impôs a si mesmo e, de repente, quando estava preso, descobriu, não por um raciocínio lógico, mas por uma espécie de revelação íntima, que havia um Deus, um Deus que estava presente em todos os lugares, e que o Deus de Karatáiev era maior e muito mais inacessível à inteligência humana do que o "Grande Arquiteto do Universo" reconhecido pelos maçons. Não era ele alguém que procura à distância o objeto que está a seus pés? Não havia passado toda a sua vida olhando para o vazio acima das cabeças dos outros, quando só precisava olhar à sua frente? Antigamente, nada lhe revelava o Infinito. Ele sentia apenas que deveria existir em algum lugar, e era obstinado em seus esforços para descobri-lo. Tudo ao seu redor era, em sua opinião, uma mistura confusa de interesses estreitos, mesquinhos e sem sentido, como a vida europeia, a política, a Maçonaria e a filosofia. Agora ele compreendia o Infinito, via-o em toda parte e admirava, sem restrições, a imagem eternamente mutável e eternamente grandiosa da vida em suas variações. A terrível pergunta que antes destruía todo o seu raciocínio espiritual, "Por quê?", não existia mais, pois sua alma respondia simplesmente que há um Deus sem cuja vontade não cai nem sequer um fio de cabelo da cabeça de uma pessoa.

No epílogo do romance, Tolstói relata a vida feliz de Pierre Bezúkhov, que, após ficar viúvo, casa-se com Natacha e torna-se pai de vários filhos. Além disso, suas atividades políticas preparam a revolução dezembrista de 1825.

Se em *Guerra e paz* muitos personagens passam por uma evolução espiritual, há também mudanças no comportamento do grupo. As opiniões nos salões nobres de São Petersburgo mudam de acordo com a diplomacia e as batalhas internacionais: hoje é elogiado aquele que amanhã será ofendido. Os grupos de soldados que se divertem alegremente nos campos demonstram coragem e heroísmo em meio ao rugido dos canhões. A atitude de ódio contra o inimigo é transformada em compaixão e misericórdia quando se olha para grupos de prisioneiros feridos, mutilados e moribundos.

Tolstói descreve vividamente a mudança pela qual passam os soldados franceses após entrarem em Moscou:

> Apesar de famintos e de todos os destacamentos estarem incompletos, os soldados franceses se comportaram de forma ordeira durante a entrada e instalação em Moscou. Era uma tropa exaurida e esgotada, mas ainda temível e combativa. Deixou de ser um exército, porém, assim que os soldados se dispersaram e entraram nas casas vazias e cheias de riquezas, e aí o exército desapareceu para sempre. Não eram nem soldados nem cidadãos, mas uma coisa intermediária que poderíamos chamar de saqueadores. Quando, cinco semanas depois, esses mesmos homens deixaram Moscou e já não eram mais um exército, mas um bando de saqueadores, cada um levando o que achava mais valioso. O objetivo

não era mais, como antes, conquistar, mas manter a posse do que haviam tomado... Como um macaco que coloca a mão em um copo estreito, agarra um punhado de nozes e não quer abrir a mão para que não caiam e isso o leva a perdê-las, os franceses, ao deixarem Moscou, morreriam fatalmente, porque arrastavam com eles tudo o que haviam roubado. Mas era impossível abandonar aquele saque, assim como é impossível para um macaco abrir as mãos cheias de nozes.

Lo Gatto escreve:

A filosofia do romance é a glorificação da natureza e da vida contra os sofismas da razão e da civilização. É a rendição do Tolstói racionalista às forças irracionais da existência. Isso é enfatizado nos capítulos teóricos e simbolizado no último volume pela figura de Karatáiev. É uma filosofia profundamente otimista, pois nasce da confiança nas forças cegas da vida, da crença profunda de que o melhor que se pode fazer não é escolher, mas confiar na bondade das coisas. O passivo e determinista Kutúzov incorpora a filosofia da passividade sábia em oposição à ambição mesquinha de Napoleão. Esse otimismo filosófico se reflete no tom idílico da narrativa. Apesar dos horrores — que não estão escondidos sob nenhum véu — da guerra, da inépcia — continuamente desmascarada — da civilização sofisticada e fútil, a grande mensagem de *Guerra e paz* é de beleza e contentamento com este mundo encantador. São apenas as sofisticações da razão consciente que o arruínam.[5]

---

5   Mirskij, *op. cit.*, p. 280.

Anna Kariênina

Em uma frase certeira, o filósofo Hegel afirmou que o romance moderno é a "epopeia burguesa". Seus protagonistas não são heróis clássicos ou cavaleiros medievais: são pessoas comuns, que levam adiante existências mais ou menos normais. Os escritores os apresentam em sua vida comum, de todos os dias.

Essa definição hegeliana se encaixa em muitos dos romances russos do século XIX, mas cabe como uma luva no caso de *Anna Kariênina*. Em suas páginas, seguimos as vicissitudes de três famílias, que vivem entre Moscou e São Petersburgo, entre o campo e a cidade, entre gabinetes, cafés, salas de estar e salões de bailes. É verdade que a maioria dos personagens pertence à nobreza ou à alta nobreza, mas são pessoas de carne e osso, algumas com profissões muito conhecidas, outras com restrições financeiras crônicas, todas com problemas habituais.

Como em *Guerra e paz*, em *Anna Kariênina* Tolstói aborda uma série de temas: o caráter frívolo e estéril da alta sociedade; as mudanças sociais pelas quais passam os camponeses; as novas teorias econômicas; o eterno debate entre o cosmopolitismo urbano e a placidez da vida rural; a tensão entre a tradição e o progresso; os preconceitos contra as mulheres; e assim por diante. De qualquer forma, parece sensato dar importância central ao tema do amor e do casamento.

As três principais famílias do romance são os Kariênin — o casamento fracassado entre Aleksei Aleksândrovitch Kariênin e Anna Arkádievna Oblônskaia —; a família formada pelo casamento entre Stepan Arkáditch Oblônski (irmão de Anna) e Dolly, com vários filhos; e a nova família formada pelo casamento entre Konstantin Dmítritch Liévin e Kitty (irmã de Dolly). Steiner aponta que o tema principal de *Anna Kariênina* é o problema do casamento na era moderna.[6] De fato, é fácil identificar nesses três matrimônios distintas situações: o primeiro é a história de um triste fracasso, que termina com separação, adultério e o suicídio de Anna; o segundo se mantém por amor aos filhos: Dolly suporta estoicamente as infidelidades do marido, um homem superficial e egoísta, embora com bons sentimentos, mas sem força de vontade; Liévin e Kitty se amam sinceramente, se entregam um ao outro e estabelecem as bases para uma família feliz dentro das limitações desta terra.

O romance começa com uma frase retumbante: "Todas as famílias felizes são parecidas, e todas as famílias infelizes são infelizes à sua maneira." Nas páginas seguintes, apresentaremos as duas figuras centrais do romance: Anna e Liévin. A primeira representa a família fracassada e o segundo, a família feliz.

---

6   George Steiner, *Tolstoi o Dostoievski*, Madri, Siruela, 2002, p. 71.

Anna Arkádievna é casada com Aleksei Aleksândrovitch Kariênin, vinte anos mais velho que ela. Eles têm um filho, Serioja, muito amado pela mãe. O senhor Kariênin é um funcionário público que cumpre rigorosamente seus deveres. Preocupa-se com o que as pessoas dizem e segue todas as regras de bom comportamento social. Ele educa seu filho com severidade e é fiel à sua esposa, a quem admira, mas não consegue expressar seus sentimentos.

Anna é pura vida. Ela é uma das figuras mais importantes da alta sociedade de São Petersburgo. Seu marido a entedia: ela o considera frio, formal, sem a vida que emana de seus poros. Em uma viagem a Moscou, conhece o conde Aleksei Kirílovitch Vrônski, capitão da cavalaria imperial. O primeiro encontro deles, na estação de trem, deixa uma marca indelével em Vrônski:

> Vrônski seguiu o condutor e, na entrada do compartimento, se deteve para dar passagem a uma dama. Com sua intuição de homem do mundo, logo à primeira vista notou que pertencia à alta sociedade. Depois de um pedido de desculpas, ele estava prestes a seguir seu caminho, quando, de repente, virou a cabeça para trás, incapaz de resistir ao desejo de olhar para ela novamente. Sentia-se atraído não pela beleza, embora muito notável, da moça, mas pela inefável expressão de doçura em seu belo rosto. Por um instante, seus olhos castanhos brilhantes, que faziam com que as sobrancelhas espessas parecessem mais escuras, olharam para ele com simpatia e, em seguida, sua dona os virou para a multidão, como se procurasse alguém. Esse rápido

vislumbre foi suficiente para que Vrônski visse naquele semblante a vivacidade contida, que animava o olhar e arqueava os lábios em um sorriso quase imperceptível. O olhar e o sorriso revelavam uma abundância de energia reprimida. Embora o brilho em seus olhos quisesse ser escondido, o leve sorriso em seus lábios revelava uma chama interior.

Jovem, bonito e sedutor, Vrônski era a atração dos salões das duas grandes cidades russas. Ele se apaixona por Anna, com quem conversa e dança alegremente nos bailes de Moscou. Anna engana a si mesma; não quer admitir que deixou a porta aberta de seu coração. Quando retorna de trem para São Petersburgo, onde o marido e o filho a esperam, ela reflete sobre sua estada em Moscou. A princípio, diz a si mesma que não tem por que se envergonhar daqueles dias, mas imediatamente lhe vêm à memória os diálogos e as danças com Vrônski. Uma voz interior parecia lhe dizer: "Cuidado, cuidado". Seu futuro amante viajava no mesmo trem e se declara. Ela o rejeita, mas o narrador indica que em seu coração havia uma mistura de medo e alegria.

Quando Anna vê o marido na estação de São Petersburgo, suas orelhas lhe parecem grandes demais. Ela sente no coração a hipocrisia de seu relacionamento com Aleksei Aleksândrovitch. Volta para casa e, embora amasse seu marido, decepciona-se por não ter encontrado aquela figura idealizada que havia formado em sua mente durante sua ausência.

Uma vez no ambiente familiar e rotineiro de sua vida, recupera a paz de espírito e considera o *affaire* com Vrônski sem importância:

> O que aconteceu para que eu me preocupasse? — ela se perguntou. Nada. Vrônski disse uma bobagem e eu lhe respondi como era necessário. Não devo falar sobre isso com Aleksei. Seria dar grande importância a isso.

Em São Petersburgo, Anna encontra com Vrônski em muitas reuniões sociais. No início, fica aborrecida com a perseguição do conde. Mas quando vai a uma em que pensava que ele estaria e não o vê, "é tomada por uma tristeza tão grande que percebe que está se iludindo, e que a assiduidade de Vrônski, longe de desagradá-la, é o principal interesse de sua vida".

Em um salão de chá, Vrônski dirige as seguintes palavras a Anna:

> Você sabe que é tudo para mim. Mas não conheço a tranquilidade, e isso não poderia lhe dar. Eu me entrego a você completamente, sim. Eu lhe dou meu amor. Não consigo pensar em você como alguém separada de mim. Aos meus olhos, nós dois somos apenas um. E não vejo tranquilidade possível para você ou para mim. Somente o desespero e o infortúnio nos aguardam... Ou a felicidade? E que felicidade! Essa felicidade é impossível? — perguntou ele, mal movendo os lábios.

Anna "reuniu toda sua força de vontade para dar a Vrônski a resposta que sua consciência mandava.

Mas, em vez disso, o fitou, e seu olhar expressava um intenso amor".

A protagonista havia cedido à tentação em seu coração. As obrigações de fidelidade ao marido e o afeto de uma mãe por seu filho já não eram importantes. De agora em diante, seguirá seu coração, desvinculado da razão e da consciência moral. Como Vrônski, busca a felicidade, mas uma felicidade egoísta, que deseja o prazer, que quer exclusivamente para si, sem pensar nos demais.

Seu marido, que percebe a intimidade entre a esposa e Vrônski, diz a ela: "Não tenho o direito e até considero prejudicial examinar seus sentimentos — começou Aleksei Aleksândrovitch. Se descemos ao fundo da alma, corremos o risco de trazer à tona o que poderia ter permanecido oculto em suas profundezas. Seus sentimentos pertencem à sua consciência. Mas diante de você, diante de mim e diante de Deus, tenho a obrigação moral de recordar os seus deveres. Não foram os homens, mas Deus que uniu nossas vidas. Somente um crime pode romper esse laço sagrado, e esse crime sempre traz consigo a punição". Apesar do conselho, Anna se entrega ao amante, com quem conceberá uma filha. A sorte estava lançada para ela.

Embora, após o adultério, sinta remorso, ela gradualmente encontra justificativas para si mesma e culpa o marido. Imaginando a reação de Kariênin, diz:

Em resumo, com palavras precisas e claras, de modo lacônico como um estadista, ele me avisará que não pode me deixar em liberdade, e que tomará as medidas necessárias para evitar escândalos. E o que quer que ele decida, o fará metodicamente e com absoluta calma. Não é um homem, mas uma máquina. E uma máquina muito perversa quando está descontente — acrescentou, lembrando-se dos menores gestos, dos menores defeitos físicos de Aleksei Aleksândrovitch, ao qual agora sentia enorme prazer em acusar e criticar, buscando na parte mais detestável de seu caráter todos os motivos possíveis para rebaixá-lo e depreciá-lo, para compensar terrível falta da qual ela se havia tornado culpada diante dele.

A sociedade rejeita uma mulher que é publicamente adúltera. Depois de certo tempo vivendo com Kariênin mantendo as aparências, Anna segue Vrônski, separando-se do marido e do filho. Ela e seu amante fazem uma viagem à Europa e passam um período no campo, na propriedade de Vrônski. Anna sente-se cada vez mais culpada: quando dá à luz sua filha, ela quase morre no parto, e Kariênin, que estava em Moscou, volta correndo para São Petersburgo para ficar ao lado do leito da esposa. Ele perdoa Anna, aperta a mão de Vrônski e cuida da filha dos amantes. No entanto, nada disso faz com que Anna mude de ideia: ela apenas procura por si mesma, e de forma desesperada.

Esse primeiro período de libertação moral e recuperação da saúde foi para Anna uma época de alegria extasiante. Pensar sobre o mal que havia causado não chegou a envenenar seu entusiasmo. Seus pensamentos não podiam se deter naquelas lembranças tão dolorosas e, além disso, ela não devia ao infortúnio do marido uma felicidade grande o suficiente para obliterar o seu remorso? Os acontecimentos que se seguiram à sua doença a reconciliaram, e então o novo rompimento com Aleksei Aleksândrovitch, a notícia da tentativa de suicídio de Vrônski, sua aparição inesperada, os preparativos para o divórcio, as despedidas do filho, a partida do lar conjugal, tudo isso lhe pareceu um pesadelo do qual sua viagem ao exterior com Vrônski a libertou. A lembrança do mal causado ao marido lhe causou um sentimento de repulsa, como um náufrago que se desvencilha de outro náufrago, que se agarra a ele e se afoga sem sua ajuda. É claro que isso era errado, mas era a única salvação, e era melhor não se lembrar dos terríveis detalhes.

Mas Anna vê o ciúme crescer em seu coração e percebe que Vrônski já não a ama como antes. De fato, Vrônski, "apesar da realização de seus desejos mais profundos, não se sentia completamente feliz. Ledo engano daqueles que pensam que encontram a felicidade na realização de todos os seus caprichos".

Anna e Vrônski retornam a Moscou, mas já não há mais amor. As discussões se tornam cada vez mais frequentes, até que se separam. Anna entra em um estado de espírito próximo ao delírio. Ela se vê sozinha, sem marido, amante ou filhos. Odeia todos e odeia a si. Em um momento de loucura, decide pôr fim aos seus dias. Antes de cometer suicídio, faz o sinal da cruz. Suas últimas palavras abrem uma porta para a esperança: "Senhor, perdoe-me!"

* * *

Antonio Ríos ressalta: "Quando a paixão não é iluminada pela ideia do bem, Tolstói a apresenta como um feitiço de consequências terríveis, como uma miragem encantada e nefasta, um prenúncio de eventos fatais. O exemplo mais claro disso é a paixão entre Vrônski e Anna Kariênina".[7] Para Dostoiévski — que chegou a chamar Anna Kariênina de "uma obra perfeita" —, o significado do romance estava no problema da relação entre culpa e sofrimento. Tolstói usou como epígrafe do romance as palavras do Antigo Testamento: "A vingança será minha, e eu retribuirei". O final de Anna parece provar que Dostoiévski e o texto das Escrituras estavam certos.

Konstantin Dmítritch Liévin é, ao lado de Anna, o personagem principal do romance. Há muitas características em sua vida e em seu pensamento que o aproximam do próprio Tolstói. Em particular, Liévin deriva do primeiro nome do escritor, Lev. Uma identificação total entre Tolstói e Liévin seria um exagero, mas não há dúvida de que o escritor deixou nesse cativante personagem traços de seu próprio ser.

---

[7] Ríos, *op. cit.*, p. 120.

Liévin, de uma família nobre não muito rica, está apaixonado por Kitty, irmã de Dolly; no entanto, a jovem prefere Vrônski. Liévin, rejeitado, decide melhorar, tornar-se mais digno, amadurecer e buscar o sentido de sua vida. É um homem que se pergunta constantemente o porquê das coisas e não se conforma com as respostas em geral utilitárias e egoístas de seu ambiente. Tem princípios morais e ideias políticas, sociais e econômicas muito fortes e quer viver de acordo com suas convicções, mesmo que isso signifique viver isolado e nadar contra a maré. Faz uma escolha pela vida simples do campo e sente rejeição à frivolidade das relações sociais urbanas. Sinceramente preocupado com o progresso dos camponeses, tenta trabalhar lado a lado com eles e entender sua filosofia de vida. Além disso, lê escritores que o ajudam em sua busca existencial e técnicos que lhe dão ideias para melhorar a produção no campo.

A rejeição de Kitty se transforma em reconciliação e casamento. Isso lhe traz uma grande alegria, embora Liévin viva constantemente com dúvidas sobre o significado da existência humana. Um dos capítulos de maior sucesso do romance é o que narra a morte de Nikolai, seu irmão. A proximidade do sofrimento físico e da miséria moral exerce uma profunda influência sobre ele, abalando-o por dentro. Ele reflete sobre o significado da dor e o valor da vida humana.

Ao ver aquele espetáculo, todo o horror de Liévin diante do terrível enigma da morte se revelou com a mesma intensidade como naquela noite de outono, quando seu irmão foi visitá-lo. Agora, esse sentimento era mais vívido do que antes; sentia-se ainda menos capaz de compreender o significado da morte e via essa fatalidade de forma ainda mais horrível. Mas, dessa vez, a companhia de sua esposa o impediu de se desesperar, pois, apesar da presença da morte, ele sentia a necessidade de viver e de amar. O amor era suficiente para salvá-lo e, assim, tornou-se mais forte e mais puro do que os outros sentimentos que o dominavam.

O casamento com Kitty, como dissemos, acalmou até certo ponto sua angústia existencial, que reaparece quando o primeiro filho nasce. Diante da possibilidade de sua esposa morrer durante o parto, volta a rezar como não fazia desde a infância:

> Senhor, perdoa-me, Senhor, vem em meu auxílio! — repetia ele, satisfeito por ter recuperado, apesar do longo afastamento das coisas sagradas, a mesma confiança natural em Deus que tivera nos dias de sua infância.

O parto é um sucesso, mas Liévin, embora amasse Kitty com carinho, não nutre nenhum sentimento pelo filho:

> Sentia uma felicidade imensa em saber que Kitty estava a salvo, mas e aquela criança? Quem era? De onde veio? A ideia lhe parecia difícil de aceitar; não conseguiu se conformar com isso por um longo tempo.

Liévin vive em uma propriedade rural e trabalha com entusiasmo, em parte para aliviar sua angústia. Ele está em contato direto com os camponeses e é justamente o diálogo com um deles — Fiódor — que abre um horizonte de significado para sua existência. Vamos ouvir Fiódor:

> — Não somos todos iguais, Konstantin Dmítritch. Há alguns que vivem apenas para encher a barriga, e outros que pensam em Deus e em suas almas.
> — O que você quer dizer com isso?
> — Bem, viver para Deus, observar Sua lei. Nem todas as pessoas são iguais. O senhor, por exemplo, não seria capaz de prejudicar os pobres.
> — Sim, sim... Até logo — gaguejou Lióvin, ofegante de emoção. E, virando-se para pegar sua bengala, deu passos largos em direção à casa.
> "Viver por sua alma, por Deus." As palavras do camponês encontraram um eco em seu coração, também pensamentos confusos, mas que ele sentia serem frutíferos, e escaparam de algum canto de seu ser para brilhar com uma nova clareza.

Os últimos capítulos do romance são dedicados às reflexões de Liévin e à descoberta do significado da vida. Vale a pena transcrever alguns de seus diálogos internos:

> Liévin caminhava a passos largos pela estrada e, sem entender muito bem as ideias vagas que se agitavam dentro dele, entregou-se às emoções de um estado de espírito totalmente novo. As palavras do camponês haviam produzido o efeito de uma descarga elétrica, e

o enxame de conceitos difusos e desconexos, que não paravam de inquietá-lo, ganhava densidade e enchia o seu coração de uma alegria inexplicável.

"Não viver mais para mim, mas para Deus; para qual Deus? Não parece tolice afirmar que não devemos viver para nós mesmos, ou seja, para o que entendemos, o que nos agrada e nos atrai, mas para esse Deus que ninguém entenda ou saiba definir? Mas, por mais insensatas que essas palavras pareçam, eu as compreendi, não duvidei de sua exatidão, não pensei que fossem falsas nem obscuras... Dei a elas o mesmo significado que aquele camponês, e é possível que eu nunca as tenha compreendido com tanta clareza. É o significado de toda a minha vida, e também da vida do mundo inteiro, e eu, que estava procurando um milagre para me convencer! Aqui está o milagre, o único possível, que eu não notei, embora estivesse ao meu redor.

Quando Fiódor diz que Kiríllov vive apenas para sua barriga, eu entendo o que ele quer dizer. Isso é perfeitamente razoável. Os seres racionais não saberiam viver de outra forma. Mas, em seguida, ele diz que é preciso viver, não para a própria barriga, mas para Deus... E eu entendi isso desde o início! Eu e milhões de pessoas, no passado e no presente, tanto os pobres de espírito quanto os sábios que se debruçaram sobre isso e se fizeram ouvir com sua linguagem incompreensível, estamos de acordo sobre um ponto: devemos viver para o bem. O único conhecimento claro, indubitável e absoluto que temos é esse, e não chegamos a ele apenas racionalmente, porque a razão o exclui, porque não tem nenhuma causa nem consequência. Se o bem tivesse uma causa, deixaria de ser bem; se tivesse uma consequência, uma recompensa, também já não seria o bem. Portanto, o bem está fora do vínculo de causas e efeitos. Eu sei disso, todos nós sabemos disso. É possível imaginar um milagre tão grande?

Será que realmente encontrei a resposta para minhas dúvidas e vou parar de sofrer?

Assim pensava Liévin, sem notar o cansaço ou o calor. Sufocado pela emoção e não querendo acreditar no alívio que tomava conta de sua alma, se afastou da estrada principal e entrou na floresta. Lá, sentindo a testa coberta de suor, se estendeu na grama, apoiando-se em um cotovelo, e voltou às suas reflexões.

"Vejamos, preciso me concentrar, tentar entender o que está acontecendo comigo — disse a si mesmo, enquanto seguia os movimentos de um besouro esverdeado, subindo pelo caule de uma planta e que fora interrompido por uma folha que caía. O que descobri para me sentir feliz? — ele se perguntou, empurrando a folha para o lado e oferecendo outra haste ao inseto. Sim, o que eu descobri? Antes eu dizia que no meu corpo, no corpo dessa planta e no corpo desse inseto (veja, ele não quis subir na outra haste, abriu as asas e voou para longe) ocorre um determinado metabolismo, de acordo com leis físicas, químicas e fisiológicas. E em todos nós, assim como nos álamos que se agitam, nas nuvens e nas nebulosas, ocorre uma evolução. Evolução de quê? Em quê? Uma evolução infinita e uma luta? Como se pudesse haver alguma direção no infinito! E eu me perguntava se, apesar do maior esforço mental nessa direção, não havia descoberto o significado da vida, a razão de meus desejos e aspirações. Agora, porém, a razão de meus desejos é tão clara que vivo permanentemente nela; e fiquei surpreso e encantado quando o camponês me disse: viva para Deus, para a alma.

Não descobri nada. Apenas me dei conta do que sei. Compreendi a força que a vida não apenas me deu no passado, mas que me dá agora também. Fui libertado do erro. Passei a conhecer o Senhor".

E ele evocou o curso que seus pensamentos haviam tomado desde a morte de seu irmão, dois anos antes.

Pela primeira vez, entendeu claramente que, sem outra perspectiva diante de si a não ser o sofrimento, a morte e o esquecimento eterno, o que poderia ter feito? Apenas uma das duas coisas: ou estourar seus miolos ou explicar o problema da existência para si mesmo, de modo que não voltasse a ver nela a cruel ironia de um demônio. No entanto, sem explicar nada a si mesmo, continuou vivendo, pensando, sentindo; e também conheceu, graças ao seu casamento, novas alegrias que o fizeram feliz quando aqueles pensamentos que o mortificavam não apareciam. O que essa inconsistência provava? Que ele vivia bem, mas pensava mal. Sem saber, ele havia sido sustentado por aquelas verdades espirituais que assimilara pelo leite materno, verdades que seu espírito fazia questão de ignorar. Agora entendia que somente elas o haviam permitido viver.

"O que teria sido de mim se eu não soubesse que é preciso viver para Deus, e não para satisfazer as minhas próprias necessidades? Eu teria mentido, roubado, assassinado... Nenhuma das alegrias que a vida me proporcionou teria existido para mim".

Sua imaginação não lhe permitiria sequer conceber a que grau de bestialidade ele teria descido se tivesse ignorado as verdadeiras razões para viver.

"Eu teria saído em busca de uma explicação que a razão não pode dar, porque ela não alcança o nível do problema. Somente a vida poderia me dar uma resposta à altura de meus desejos, e isso graças ao meu conhecimento do bem e do mal. E eu não adquiri esse conhecimento, não saberia onde encontrá-lo; ele me foi *dado* como todo o resto. Será que a razão teria me mostrado que eu deveria amar meu próximo em vez de estrangulá-lo? Se acreditei nisso tão facilmente quando me ensinaram na infância, é porque eu já o sabia. E quem o descobriu para mim? Não foi a razão. A razão descobriu a luta pela existência e a lei que exige o esmagamento de tudo o que impede a satisfação de meus desejos. A dedução é lógica. Mas a razão não pode me induzir a amar meu próximo, porque esse preceito não nos é dado pelo simples mecanismo da razão.

Sim, o orgulho — disse para si mesmo, deitando-se de bruços e começando a dar nós nos caules das gramíneas, tomando cuidado para não quebrá-los.

E não há apenas o orgulho da inteligência, mas também a estupidez da inteligência; principalmente a perfídia da inteligência. Ou seja, a perfídia da inteligência — repetiu.

Embora essas descobertas espirituais o levem a uma grande felicidade — "Será que isso é realmente fé?"— pergunta-se, sem ousar acreditar em sua felicidade. — Obrigado, meu Deus!" — Com o passar dos dias, seu entusiasmo diminui, e Liévin adota uma postura mais distante. Apesar da luz que recebe das palavras de Fiódor e da felicidade que experimenta, ele não vê que sua vida cotidiana mudou: ainda é impaciente e mal-humorado. Mas o caminho que deve seguir na vida está claro para ele. Com as linhas a seguir, Tolstói encerra *Anna Kariênina*:

> Esse novo sentimento não me transformou, não me encheu de admiração, nem me deixou tão feliz quanto eu imaginava. Como no amor paterno, não houve surpresa nem êxtase. Devo chamá-lo de fé? Não sei. Tudo o que sei é que ele se infiltrou em minha alma por meio da dor e lá criou raízes profundas.
>
> Provavelmente continuarei a impacientar-me com meu cocheiro Ivan, a discutir inutilmente, a expressar

mal as minhas ideias. Sempre haverá uma barreira entre o santuário de minha alma e a alma dos outros, inclusive a da minha esposa. Sempre a considerarei responsável pelos meus erros e me arrependerei logo em seguida. Continuarei a rezar, sem ser capaz de explicar a mim mesmo por que rezo. E daí? Minha vida interior não estará mais à mercê dos acontecimentos. Cada minuto de minha vida terá um significado indiscutível, e estará em meu poder imprimi-lo em cada uma de minhas ações: o significado do bem!

"Não quero mais viver." As palavras de Fiódor, no final do romance, haviam sido pronunciadas muitas páginas antes, não por palavras, mas pelo exemplo de uma personagem que aparece fugazmente na trama: Várienka. A família de Kitty decide ir a uma pequena estância termal na Alemanha para que ela pudesse recuperar sua saúde, que havia se deteriorado em razão das decepções amorosas que sofrera. Em uma atmosfera de descanso, Kitty faz amizade com Várienka, uma jovem que passa todo o dia cuidando de pessoas idosas e doentes que precisam da atenção e do carinho dos outros. Várienka faz isso com tanta naturalidade, alegria, elegância e desprendimento que chama a atenção de todos e, em especial, de Kitty. A futura esposa de Liévin faz um exame de consciência quando percebe — diante do exemplo de Várienka — que tem muitas atitudes que denotam egoísmo:

> O exemplo de Várienka lhe mostrou que, para se sentir feliz, serena e bem, como ela desejava, bastava

esquecer-se de si mesma e amar os outros. Assim que entendeu o que era *a coisa mais importante*, Kitty não se limitou a admirá-la, mas, imediatamente, se entregou com toda sua alma a essa nova vida que lhe era tão atraente.

Várienka é um desses "anjos" que aparecem de tempos em tempos nos romances russos. Para Kitty, não será tão fácil seguir o seu exemplo, mas, no decorrer da narrativa, ela amadurece e se torna uma excelente esposa, mãe, irmã e amiga. É comovente ver como cuida do cunhado Nikolai quando ele está no leito de morte. Liévin sente repulsa pela sujeira, pelos odores e pelas feridas do irmão. Kitty se entrega ao cuidado dos doentes. Talvez naquele momento estivesse pensando em Várienka:

> Assim que se aproximou do homem doente, sentiu pena dele. Longe de sentir ojeriza ou horror, como acontecia com seu marido, essa compaixão a levou a procurar saber tudo o que poderia aliviar seu triste estado. Convencida de que deveria dar algum conforto ao cunhado, nunca duvidou da possibilidade de fazê-lo e, imediatamente, pôs mãos à obra. Eram justamente os detalhes que repugnavam o marido que mais atraíam a sua atenção. Ela mandou chamar um médico, enviou alguém à farmácia, fez com que a criada que a acompanhara e Mária Nikoláievna varressem, tirassem o pó e lavassem, fazendo também essas coisas. Esvaziou o travesseiro do doente, trouxe e carregou várias coisas. Sem se preocupar com as pessoas que encontrava pelo caminho, ia e voltava do seu quarto para o quarto do doente, carregada de panos, guardanapos, camisas,

fronhas etc. [...] Kitty não tinha tempo para pensar em si mesma. Ocupada apenas com o doente, parecia saber exatamente o que deveria fazer.

* * *

A atitude existencial de Liévin, Kitty e Várienka abre perspectivas antropológicas muito distantes daquelas propostas por Anna e Vrônski. Concordamos com o intérprete espanhol: "Sendo fiéis a Tolstói, concluímos que em *Anna Kariênina* ele mostra o contraste entre o egoísmo e o amor universal. A mensagem religiosa e moral dos terríveis anos fundamentalistas de nosso escritor poderia muito bem começar com o suicídio de Anna como um aviso: 'Viver para si mesmo é a morte, viver para os outros é a vida'".[8]

Duas mortes reveladoras

Enquanto Tolstói escrevia *Anna Kariênina*, passava por uma crise espiritual que o leva a se converter a um cristianismo muito pessoal, como tivemos a oportunidade de discutir. As novelas e os contos escritos após sua conversão podem ser incluídos no gênero catequético e apologético. Muitos deles eram destinados aos camponeses: Tolstói recorre a contos e fábulas e extrai, de modo explícito, consequências

---

8   Ríos, *op. cit.*, pp. 155-56.

morais da história que narra. Todos os tipos de argumentos de natureza religiosa são abordados: a necessidade de perdão, o desapego aos bens temporais, a identificação de Cristo com os mais pobres, a transitoriedade da vida terrena, a paciência diante da injustiça e a não violência como forma de resolver os problemas sociais. Para a sensibilidade contemporânea, esse tipo de texto é muito direto em seu afã apologético. Tolstói, nessas páginas, não revela a verdade com alusões, deixando que o leitor tire as próprias conclusões: o neoconvertido faz propaganda ideológica e coloca, ao lado dos ensinamentos do Evangelho, algumas de suas próprias ideias de caráter utópico e anárquico, como se fossem necessariamente derivadas do Novo Testamento. Ao longo dos anos, torna-se mais ácido em suas críticas à Igreja Ortodoxa e apresenta posições cada vez mais extremas sobre questões sociais, como o antimilitarismo e a rejeição à propriedade privada.

Alguns escritos desse período, no entanto, atingem seu objetivo apologético de forma não tão explícita. Eles são, em minha opinião, os mais eficazes. Apresentaremos duas novelas que tratam, de maneiras diferentes, do mesmo tema: a necessidade de se doar aos outros para encontrar o sentido da vida.

Em 1886, Tolstói escreve *A morte de Ivan Ilitch*, que narra a história de um homem comum, filho de um advogado, que segue uma carreira judicial e ascende na hierarquia até se tornar juiz procurador de uma cidade da província. Atento ao que a classe alta da sociedade faz, tenta assimilar seus costumes e gostos. Casado, tem vários filhos, mas apenas dois sobrevivem. Leva uma vida típica de funcionário público: respeita seu horário de trabalho nos tribunais, cumpre suas obrigações familiares e se reúne com um grupo de amigos, que conhece das relações de trabalho. Ivan, entretanto, não está satisfeito consigo mesmo. A vida conjugal lhe traz aborrecimentos, ele se torna cada vez mais irascível e mantém com os filhos uma relação bastante fria.

Já com quarenta e poucos anos, começa a sentir uma dor na lateral do corpo e, por isso, vai ao médico, que lhe dá um diagnóstico provisório: há algo errado com seu rim ou intestino. As dores se tornam mais frequentes e agudas. Ivan se preocupa cada vez mais e começa uma peregrinação pelos consultórios médicos mais prestigiados da cidade. Ninguém consegue encontrar um tratamento eficaz, e ele, pouco a pouco, vai percebendo que sua doença é grave e que a morte se aproxima.

Tolstói descreve com precisão a obsessão que domina a mente do doente. Quando está no tribunal, durante um caso que precisa julgar, ele sente uma pontada no lado do corpo:

> Ivan Ilitch se concentrava em ouvir, tentava não pensar *nela* (na morte), mas *ela* seguia seu caminho, se aproximava e o encarava, e ele ficava atônito,

o brilho em seus olhos se apagava, e, mais uma vez, se perguntava: "É possível que só *ela* seja verdade?".
Os seus colegas e o acusado lhe olhavam com espanto e pena, um juiz tão brilhante e perspicaz cometendo erros e tão confuso. Ele se esforçava, recuperava o controle e tentava concluir a audiência, e voltava para casa com a percepção de que seu trabalho como juiz não poderia esconder *dela* o que ele queria esconder: que seu trabalho como juiz não poderia escapar *dela*. E o pior é que *ela* o atraía para si não porque ele tivesse feito algo, mas simplesmente porque o olhava diretamente nos olhos e, sem fazer nada, ele ficava inexplicavelmente atormentado [...]. Ia para o seu gabinete, deitava-se e ficava sozinho com *ela* de novo. Cara a cara com *ela*, e não havia nada a fazer com *ela*. Apenas a olhava e ficava paralisado.

Nessa situação, não encontra muito conforto ao seu redor. Sua esposa e sua filha continuam a levar uma vida mundana e, embora tentem ser afetuosas, não conseguem tocar o coração de Ivan:

> O que mais atormentava Ivan Ilitch era o fato de ninguém ter pena dele como ele gostaria. Em certos momentos, após longos sofrimentos, teria desejado mais do que qualquer outra coisa, por mais que tivesse vergonha de admitir, que houvesse alguém para sofrer por ele, porque estava doente, como quando se tem pena de uma criança doente. Ele teria desejado que o acariciassem, o beijassem, chorassem por ele, como se faz com as crianças.

Mas ninguém o faz. A única pessoa que o conforta é Guerássim, um mujique a seu serviço.

Ele cuida da dor de Ivan, sente compaixão por seu senhor e não poupa esforços para tornar sua vida mais suportável — passa noites em claro levantando as pernas do doente, pois isso alivia sua dor — e, acima de tudo, não participa da atmosfera de mentiras que cerca Ivan Ilitch: ninguém quer falar que a doença é fatal, que não há remédio humano, e todos fingem que um dia ele será curado. Guerássim diz sem rodeios, quando Ivan pede que ele se retire para descansar:

> — Todos nós vamos morrer um dia. Por que não cuidaríamos de você? —, dando a entender que não se cansava de prestar aquele serviço justamente porque o fazia para uma pessoa que estava prestes a morrer e esperava que, no devido tempo, houvesse alguém que faria o mesmo por ele.

Nos seus últimos dias, Ivan lembra de toda sua vida. Ele não entende por que precisa morrer. Considera que teve uma vida honesta, mas, ao mesmo tempo, percebe que viveu somente para si: não amou verdadeiramente as pessoas ao seu redor. Ele construiu seu projeto de vida com base no sucesso profissional, no "bom gosto" social e em pequenos prazeres egoístas. Mas, antes de morrer, seu filho entra em seu quarto, aproxima-se da cama onde o pai está deitado, pega em sua mão, beija-a e começa a chorar. Ivan passa por uma mudança radical em seu interior: diante do amor do filho, percebe que deveria ter vivido para os outros. Agora, sente pena da esposa e dos filhos: se preocupa que não sofram nesse momento. Quando começa a pensar nos outros, a dor e o medo da morte desaparecem:

> No lugar da morte, havia luz.
> — Então é assim! — disse, de modo inesperado e em voz alta. Que alegria!

No fim de duas horas, morre em paz, repetindo em sua alma as palavras que ouve em seu interior: "A morte acabou. Não existe mais".

Alguns anos depois, Tolstói escreve *Senhores e servos*, que narra a história de uma viagem feita por Vassílii Andrèitch, um proprietário de terras e comerciante, e seu servo Nikita em uma *troika*. Eles se dirigem a um vilarejo distante de onde moram para comprar uma floresta. No caminho, são surpreendidos por uma tempestade de neve. As condições climáticas são tão adversas que, em determinado momento, precisam interromper a viagem e preparar-se para passar a noite ao relento. O senhor busca o seu próprio conforto e se esquece do servo, que também tenta se proteger do frio. Vassílii passa as horas geladas da noite sonhando com os negócios que fará no dia seguinte e deleitando-se com a lembrança dos bens que possui. Nikita, por sua vez, prepara sua alma para a morte, pois está convencido de que durante a noite morrerá congelado. Ele acredita que, acima de seu senhor, há um Senhor que o protege e espera passar para a outra vida apesar de seus pecados.

Depois de algumas horas, Vassílii decide abandonar seu servo e a carruagem, desatrelar o cavalo, montá-lo e procurar abrigo. Apesar de seus esforços, ele não encontra nada. Quando retorna à carruagem, percebe que Nikita está congelando. Com muita pena, decide se deitar sobre o criado para mantê-lo aquecido, tentando de todas as formas trazê-lo para junto de si e, enquanto faz essa ação de caridade, percebe que os bens desta terra não são nada se comparados com o amor ao próximo. Ele encontra um novo sentido para sua vida: antes, tudo girava em torno de si. Em vez disso, naquele momento extremo, decide se doar aos outros. "Agora eu sei", diz Vassílii para si mesmo: ele havia descoberto o segredo da felicidade.

Vassílii morre tentando salvar seu servo. Nikita sobrevive graças à dedicação de seu senhor: nos anos seguintes, se esforça para melhorar moralmente; termina seus dias cercado pela família e passa para a vida eterna. A moral de Tolstói se resume nas últimas frases: "No lugar em que acordou depois da morte, ele está melhor ou pior? Está decepcionado ou encontrou o que esperava? Todos nós saberemos em breve".

"Então é assim!", exclama Ivan Ilitch; "Agora eu sei", diz Vassílii. No último momento de suas vidas, esses dois personagens — como Andrei Volkónski e Liévin — descobrem que o segredo de uma existência plena está em esquecer-se de si mesmo e doar-se aos outros. Essa mensagem é o que torna Lev Tolstói grande, apesar de suas excentricidades e inconsistências.

* * *

Os personagens de Tolstói são pessoas que descobrem que, acima deles, há algo muito superior à sua individualidade [...]. Isso ocorre porque eles são simplesmente pessoas. Pessoas inseridas no que chamamos de "atmosfera da vida", que prepara a ideia de Deus em Tolstói, uma ideia que pode ser resumida da seguinte forma: a vida não tem sentido se alguém a vive apenas para si. E como um Deus-escritor onisciente, Tolstói se deleita com sua criação, que vai muito além dos instantes e se estende a essa atmosfera de vida. Por tal motivo, o escritor é incapaz de se limitar, em um romance, a um curto período de tempo [...]. Ele deve ir muito além, deve olhar e penetrar no passado e, acima de tudo, no futuro. Os anos devem passar nos romances de Tolstói, os personagens devem envelhecer, porque seu criador onisciente, que "viu que sua criação era boa", deve observar seus personagens em sua evolução temporal [...]. Tolstói quer expressar uma vida de integridade e clareza.[9]

---

9   Ríos, *op. cit.*, pp. 277-78.

7.
Anton Tchekhov: o sorriso triste (1860-1904)

Anton Pávlovitch Tchekhov nasce em 1860, em Taganrog, cidade nas margens do Mar de Azov, que tivera um passado brilhante como porto comercial, mas que naquela época havia entrado em declínio. Seu pai era um pequeno comerciante pobre, um ortodoxo devoto e mestre de coro da igreja, mas também um autoritário que batia nos filhos e mantinha a esposa submissa. Sua mãe, sempre assustada com o tratamento do marido e protetora dos filhos, era uma boa contadora de histórias, relatando memórias de suas viagens pela Rússia na companhia do pai, um comerciante de tecidos. A infância de Anton, cercado de irmãos, foi bastante difícil, mas com uma personalidade positiva e empreendedora conseguiu progredir, trabalhando na loja, lendo e até escrevendo um jornal humorístico com seus irmãos mais velhos.

Aos dezesseis anos, fica sozinho em sua cidade natal: alguns de seus irmãos vão para Moscou realizar os estudos universitários e, após a falência do negócio paterno, seus pais e demais irmãos também se mudam para lá. Durante esse período, demonstra a capacidade de cuidar de si, de ganhar a vida e de planejar o futuro. Em particular, decide estudar medicina. Em 1879, conclui o ensino secundário, e quando chega a Moscou nesse ano depara-se com a penúria em que vive sua família. Enquanto estudava na universidade, escrevia contos que enviava para vários jornais a fim de ganhar algum dinheiro. Consegue publicar alguns deles e começa a colaborar regularmente com publicações de prestígio. A partir de 1886, já era bem conhecido e apreciado por alguns intelectuais. Embora sua profissão fosse a medicina e escrevesse apenas para ajudar as finanças da família, ele gradualmente conquista a profissão de literato, embora nunca tenha abandonado a medicina e a tenha praticado com um louvável espírito de servir aos outros.

Seu triunfo literário faz de Anton o chefe da família, pois vários de seus irmãos estavam arruinados e levavam uma vida desregrada. Ele alcança uma posição econômica digna, compra uma boa casa para todos os familiares e consegue alugar e, mais tarde, comprar casas de campo.

Tchekhov faz uma viagem à ilha de Sacalina, extremo Oriente russo, onde ficava uma famosa colônia penal, para observar por si mesmo as condições de vida dos prisioneiros. O resultado dessa viagem é um livro que contribuiu para melhorar o sistema penitenciário do arquipélago.[1] Ele retorna a Moscou

---

1 Tchekhov, *A ilha de Sacalina*, São Paulo, Todavia, 2018. [N. T.]

pela Ásia, onde conhece paisagens e culturas muito diferentes de sua terra natal. Essas experiências ampliaram a visão de mundo do escritor, que também viaja pela Europa ocidental.

Tchekhov sempre escreveu novelas ou contos sobre aspectos da vida cotidiana de pessoas comuns. Também escreveu peças teatrais — *A gaivota*, *Tio Vânia*, *Três irmãs*, *O jardim das cerejeiras*, dentre as mais conhecidas — e frequentava o meio teatral. De fato, alguns anos antes de sua morte, ele se casa com uma atriz de origem alemã, Olga Leonardovna Knipper, a quem amava sinceramente, embora tenham se separado por um período por conta das viagens artísticas dela.

Em seus últimos anos, cultiva uma amizade com Tolstói e Maksim Górki. Tchekhov tinha algumas ideias políticas de esquerda, semelhantes às desses dois escritores, entretanto a ideologia teve pouca influência em sua obra literária. A filha de Tolstói relembra uma visita que Tchekhov fez a seu pai na Crimeia no verão de 1901:

> Ele chegou fraco, apoiado em sua bengala. Parecia tímido, sério; tinha uma tosse seca, dava a impressão de estar doente. Suas bochechas profundas estavam vermelhas, talvez pela agitação, talvez também pela doença. No terraço, ele conversava com meu pai sobre literatura. Meu pai o tinha em alta estima e, de todos os escritores da nova geração, a companhia de Tchekhov era a de que ele mais gostava. Podia expressar abertamente sua opinião, pois sabia que Tchekhov seria

capaz de entendê-lo e não se ofenderia. Papai tentava convencê-lo a não escrever dramas. Em vez disso, ele adorava seus contos. Tchekhov causou uma ótima impressão em todos nós pela seriedade, simplicidade e fascínio especial que irradiava sua pessoa.[2]

Tchekhov morre de tuberculose em 1904 em Baden-Baden, para onde tinha ido por ordem médica. Tinha apenas 44 anos de idade. Sua mãe e esposa sobrevivem. Considerado um dos maiores contistas, deixou este mundo cercado pelo carinho de multidões que liam suas obras, nas quais encontravam circunstâncias muito próximas às de suas vidas. Também foi conhecido por sua preocupação com os mais pobres e humildes da sociedade, embora nunca tenha idealizado os mujiques, pois os conhecia por meio de sua profissão médica, com suas virtudes e defeitos.[3]

* * *

A produção literária de Tchekhov, como mencionamos, está distribuída em centenas de contos e novelas, além de suas peças. Sua capacidade de apresentar personagens e situações em poucas páginas é realmente surpreendente. A maioria dos protagonistas de suas

---

[2] Tolstaja, *op. cit.*, pp. 101-02.
[3] Para conhecer a vida de Tchekhov, recomendamos Irène Nemirovski, *La vida de Chéjov*, Barcelona, Noguer, 1991.

histórias são pessoas comuns: artesãos, funcionários públicos, jovens estudantes, camponeses, sacerdotes. Tchekhov narra com grande concisão e, ao mesmo tempo, com beleza descritiva uma situação cômica ou trágica, que poderia acontecer na vida de qualquer um dos leitores, pois a ação acontece em uma barbearia, em um vagão de trem, em uma festa popular ou em uma casa de campo. O narrador não comenta o que vê: ele simplesmente apresenta a vida. Tampouco há considerações morais: Tchekhov, assim como Turguêniev, considerava que, se descrevesse ladrões de cavalos, não deveria acrescentar que roubar cavalos era imoral. A própria história faria com que o leitor entendesse o significado moral dos eventos.

De acordo com Mirskij, "nenhum escritor supera Tchekhov em nos dar a sensação da incomunicabilidade mútua dos seres humanos, da impossibilidade dessa compreensão".[4] Mas o leitor compreende o drama dos personagens e, junto com o sentimento de melancolia que suas histórias deixam, vem o desejo de superar essa incomunicabilidade. Vamos analisar três contos de Tchekhov, que têm um ensinamento claro sem que o autor o declare explicitamente. Em seguida, comentaremos o seu teatro.

A primeira história que gostaríamos de discutir é intitulada *Angústia*, de 1886. O personagem principal é Iona Potapov, um cocheiro pobre cujo filho acaba

---

4   Mirskij, *op. cit.*, p. 386.

de morrer. A carruagem é puxada por um cavalo velho e cansado. Iona está profundamente triste pela morte de seu filho e quer compartilhar sua dor com alguém. Assim, tenta contar aos passageiros sobre seu infortúnio, mas eles, depois de prestarem atenção por alguns segundos, ignoram o cocheiro e a sua dor. Ele tenta contar seu sofrimento a um carregador e a outro cocheiro jovem que encontra no local onde dorme, mas Iona é recebido com total indiferença.

Entristecido, o narrador faz as seguintes reflexões:

> Iona tenta observar o efeito produzidos por suas palavras, mas não vê nada. O jovem se cobriu com o cobertor e dormiu. O velho suspira e se coça... Ele precisa conversar tanto quanto o jovem precisa beber. Logo fará uma semana que seu filho morreu e ele ainda não falou direito com ninguém sobre aquilo... E essas coisas devem ser contadas com calma, com tempo... É necessário descrever como seu filho adoeceu, o quanto sofreu, o que disse antes de morrer, como morreu... O enterro e a ida ao hospital para pegar as roupas do falecido devem ser contados... Sua filha Aníssia ficou na aldeia... Também seria necessário falar sobre ela... Não faltam assuntos para conversar. Além disso, o ouvinte deve suspirar, gemer, lamentar... O melhor seria conversar com as mulheres. Elas são bobas, mas duas palavras são suficientes para fazê-las chorar.

Finalmente, ele decide alimentar o cavalo.

> Ele se veste e vai para o estábulo, onde está seu cavalo. Pensa na aveia, no feno, no clima... Quando está sozinho, não consegue pensar no filho... Pode falar

sobre ele com os outros, mas sozinho é absolutamente insuportável pensar nele e evocar a sua imagem...
— Você está ruminando? — pergunta Iona a seu cavalo, fitando seus olhos brilhantes. Bem, rumine se quiser... Não ganhamos o suficiente para comprar aveia, então teremos que comer feno... Sim... Estou muito velho para ser cocheiro... É meu filho que deveria estar trabalhando, não eu... Ele era um cocheiro de verdade... Só faltou viver mais ...

Iona permanece em silêncio por um tempo e prossegue:
— Muito bem, meu cavalinho... Kuzmá Iônitch já não está entre nós. Ele nos deixou... Morreu de repente, sem mais nem menos... Suponha que você tivesse um potrinho, que fosse a mãe desse potrinho... Se de repente, digamos, esse potrinho partisse para a outra vida... Você não ficaria triste?

O cavalo rumina, ouve e bufa nas mãos de seu dono...

Iona não consegue se conter e lhe conta tudo...

Tchekhov não nos diz explicitamente que devemos ouvir as pessoas que estão sofrendo, ou que há uma obrigação de caridade em confortar os aflitos. Ele não precisa fazê-lo: a história diz tudo.

A segunda história é *A geada*, escrita em 1887, que narra uma festa popular em uma cidade não identificada, no dia de Reis, ou seja, em pleno inverno. Em razão das temperaturas extremas, considerou-se mudar a data da festa, mas a vontade de se divertir era tão grande e houvera tanta preparação na aldeia, que se decide realizá-la no dia programado. Naquela noite, fazia 27 graus abaixo de zero. Houve patinação, música e dança. O governador e o bispo presidiam a celebração. Logo depois, chega o prefeito, um velho tagarela, que cumprimenta as pessoas ali reunidas e reclama do frio. Inspirado pelas circunstâncias climáticas, o prefeito conta, com detalhes, ao governador e ao bispo como se sentia em sua juventude, quando era pobre e não tinha com o que se abrigar, como seu coração gelava e ele ficava mal-humorado. Depois que o prefeito conta várias histórias de sua vida, o governador também relembra anedotas relacionadas ao frio de sua juventude, assim como o bispo.

Quando um pobre inspetor de polícia chega para dar informações ao governador, as autoridades percebem que ele está sofrendo com o frio intenso.

> Ao verem os dedos do inspetor, congelados e separados na aba do quepe, assim como o nariz, os olhos turvos e o capote coberto por gelo branco na altura da boca, todos sentiram, por algum motivo, que seu coração deveria estar doendo, seu estômago, duro e sua alma, entorpecida...

E o governador, então, lhe dirige as seguintes palavras:

> — Ouça [...], beba uma taça de vinho quente!
> — Vamos, vamos... beba! — disse o prefeito com um aceno de mão. — Não tenha vergonha!
> O inspetor pegou o copo com as duas mãos, afastou-se alguns passos e, tentando não fazer barulho, começou a beber cerimoniosamente, em pequenos goles. Enquanto engolia com um ar de preocupação, os anciãos

o olhavam em silêncio, imaginando que a dor desapareceria do coração do inspetor e sua alma se tornaria mais leve. O governador deu um suspiro:

— É hora de ir para casa! — disse, levantando-se. — Adeus! Ouça — acrescentou, voltando-se para o inspetor — diga aos músicos que... parem de tocar e peçam a Pavel Semyonovich que lhes mande... cerveja ou vodca.

Dessa vez, Tchekhov também não nos diz que devemos estar atentos às necessidades dos outros, especialmente dos pobres e daqueles que sofrem. A atitude do governador fala por si só.

A última história que apresentamos é *O estudante*, de 1894. A ação se passa na Sexta-Feira Santa. Ivan Velikopólski, um seminarista, voltava para casa. O tempo estava desagradável, fazia frio e via-se a pobreza dos mujiques por todos os lados. Pensou que essas circunstâncias vinham se repetindo há muito tempo e se repetiriam pelos próximos mil anos. Quando passa pela horta de duas viúvas, mãe e filha, entra para se aquecer em uma fogueira. Ele as lembra, então, de que, em uma noite como aquela, o apóstolo Pedro havia se aquecido junto ao fogo enquanto negava o Senhor. Narrou comovido a cena do Evangelho, que termina com o choro amargo de Pedro, que havia traído Jesus três vezes. As duas viúvas reagem à história: uma chora, e a outra adota uma expressão séria, como se estivesse contendo uma profunda dor. O estudante segue seu caminho, visivelmente emocionado. Estas foram suas reflexões:

O estudante voltou a pensar que, se Vacilíssa chorara e sua filha se incomodara, isso significava que aquilo que contara, que acontecera dezenove séculos atrás, tinha alguma conexão com o presente, com aquelas duas mulheres e, provavelmente, com a aldeia deserta, com ele mesmo e com todas as pessoas. Se a idosa chorara, não foi porque pela história contada de maneira comovente, mas porque Pedro estava perto dela, e o que acontecera em seu espírito naquela noite tocara todo o seu ser.

Uma alegria repentina inundou sua alma. Ele precisou parar por um momento para recuperar o fôlego. O passado, pensou, estava ligado ao presente por uma cadeia ininterrupta de eventos sucessivos. E ele tinha a sensação de que acabara de ver as duas pontas dessa corrente: ao tocar uma delas, a outra havia vibrado.

Mais tarde, enquanto atravessava o rio em uma balsa e subia uma colina, contemplando sua aldeia natal e a estreita faixa do pôr do sol, que brilhava no leste com sua fria luz púrpura, ele pensou que a verdade e a beleza, que haviam guiado a vida das pessoas no Jardim das Oliveiras e no pátio do Sumo Sacerdote, e que perduravam ininterruptamente até os dias de hoje, constituiriam para sempre o mais fundamental da vida humana e de tudo o que havia na Terra. Um sentimento de juventude, saúde e força — ele tinha apenas vinte e dois anos — e uma doce e inefável esperança de felicidade, de uma misteriosa e desconhecida felicidade, tomaram conta dele pouco a pouco, e a vida lhe pareceu maravilhosa, encantadora, imbuída de um significado sublime.

Como diria Tchekhov, não há necessidade de comentar.

* * *

Em suas peças teatrais, o autor segue com o mesmo tema dos contos: apresentar a vida tal qual ela acontece entre as pessoas comuns. O autor não faz avaliações morais. As histórias podem ser tragédias ou comédias, dependendo da perspectiva do leitor. Lo Gatto comenta, com razão, que Tchekhov tem a capacidade de "ver comicamente enquanto sente tristemente".[5]

Além dos eventos da trama, aqui e ali aparecem personagens que transmitem uma mensagem clara. É o caso de *Tio Vânia*, por exemplo. A história se passa em uma propriedade rural. A monotonia de uma vida pacata é interrompida pela chegada de um escritor idoso e sua bela e jovem esposa, que revolucionam a casa. Quando eles deixam a propriedade e voltam para a cidade, Vânia e sua sobrinha Sônia devem enfrentar o retorno à normalidade. Uma vida cinza e rotineira para a qual ele não encontra sentido se torna demais para Vânia, que exclama:

> — Minha menina, estou desesperado! Ah, se você soubesse o quanto estou sofrendo!
> Sônia responde:
> — E o que podemos fazer? Temos que continuar vivendo! Vamos continuar vivendo, tio Vânia!
> Viveremos uma longa, longuíssima, série de dias, de noites intermináveis. Suportaremos com paciência as provações que o destino nos enviar; trabalharemos

---
5 Lo Gatto, *op. cit.*, p. 418.

para os outros, faremos isso sempre, e nunca descansaremos. Quando chegar a nossa hora, morreremos sem protestar, e lá, no outro mundo, diremos que sofremos, que choramos, que nossa vida foi amarga, e Deus terá piedade de nós. E então, querido tio, começaremos uma vida nova, iluminada e bela, seremos felizes. Olharemos para esses sofrimentos de agora com ternura, com um sorriso, e descansaremos.

Tenho fé nisso, tio, uma fé profunda e apaixonada... [...] Descansaremos! Ouviremos os anjos e veremos o céu inteiro cravejado de diamantes. Você verá como todo o mal da Terra, todos os nossos sofrimentos desaparecerão diante da misericórdia que encherá o mundo inteiro, e nossa vida se tornará serena, suave, doce como uma carícia. Eu acredito, eu acredito nisso... (Ele enxuga os olhos com um lenço.) Pobre, pobre tio Vânia, está chorando!... (Em lágrimas.) Você nunca conheceu a alegria em sua vida, mas espere, tio Vânia, espere... Nós vamos descansar... (Ela o abraça.) Nós vamos descansar!

A rotina da vida comum é vista de forma muito diferente por aquele que tem olhos apenas para essa vida e por aquele que espera uma vida no além, onde um Deus cheio de misericórdia o aguarda.

Nem todos os personagens das peças de Tchekhov compartilham a esperança de Sônia. Na mesma peça, há um médico, Astrov, que confessa que em sua vida não há luz que o ilumine. Além disso, ele está preocupado com o que hoje chamaríamos de destruição do meio ambiente. Seus comentários são particularmente atuais. Apontando para um mapa, ele diz a Yeliena:

Anton Tchekhov: o sorriso triste (1860-1904)

Veja. Este é um mapa de nosso distrito há cinquenta anos. Os tons de verde claro e escuro representam as florestas; metade de toda a superfície era coberta por florestas. O vermelho sobre o verde significa que havia alces e cabras-montesas... A flora e a fauna estão marcadas. Nesse lago viviam cisnes, gansos, patos e, como dizem os mais velhos, havia muitos pássaros, de todos os tipos, que costumavam voar em bandos. Além das aldeias e dos vilarejos, podíamos ver por aqui todos os tipos de povoados; casas de campo, mosteiros, moinhos de água... O gado e os cavalos eram abundantes, como indica o azul claro. Por exemplo, observe a extensão que ocupa essa região. Havia um grande número de cavalos, uma média de três em cada casa. Agora vamos olhar mais de perto. A situação há vinte e cinco anos. Apenas um terço da área é coberta por florestas. As cabras-montesas estão extintas, mas ainda há alces. Os tons de verde e azul claro são menores etc., etc. Observe a terceira parte: a situação atual do distrito. Em algum lugar ainda há verde, mas apenas em manchas e não continuamente. Os alces, os cisnes e os tetrazes desapareceram. Não resta nenhum vestígio das fazendas, das ermidas e dos moinhos de antigamente... Em geral, é um quadro de declínio indubitável e gradual, que, sem dúvida, estará completo em dez ou quinze anos. Você dirá que isso é consequência da civilização, que os costumes antigos tiveram que dar lugar aos novos. É verdade, e eu aceitaria isso, se em vez dessas florestas devastadas houvesse agora estradas e ferrovias, se houvesse fábricas, oficinas e escolas. Então o povo seria mais saudável, mais rico, mais culto; mas aqui não há nada disso! Ainda temos os mesmos pântanos e mosquitos, a mesma falta de estradas, miséria, tifo, difteria e incêndios. Somos confrontados com a imagem de uma decadência motivada pela luta desesperada pela existência; uma decadência produzida pela inação, pela ignorância, pela mais completa irresponsabilidade, como quando uma pessoa doente, faminta e aterrorizada, para simplesmente salvar o que resta de sua vida, bem como para salvar seus filhos, instintiva e inconscientemente, se agarra a algo que pode satisfazer sua fome e confortá-la, mas, ao fazê-lo, destrói tudo, sem pensar no amanhã... Quase tudo já foi praticamente destruído, mas nada foi criado para substituí-lo.

Essas são palavras ditas cem anos antes da encíclica *Laudato si'* escrita pelo Papa Francisco. Mas, ao contrário da atitude existencial de Sônia, as palavras de Astrov carecem de esperança. Como acontece com um personagem de *A gaivota*, Trepliov, um escritor incompreendido que tem um relacionamento sentimental não correspondido e a quem lhe falta o afeto de sua mãe. Trepliov acaba cometendo suicídio. Tchekhov não justifica esse ato desesperado, mas, sem dizer nada explicitamente, o leitor olha para a mãe que, preocupada em vão consigo mesma e com sua carreira artística, negou ao filho o afeto e a compreensão que deveria ter-lhe dado.

Vamos acrescentar alguns comentários sobre duas outras peças. *O jardim das cerejeiras* conta a história da venda de uma casa de campo com um jardim de árvores frutíferas. A família que a vende tem raízes aristocráticas, mas está endividada. A proprietária — uma mulher com certa idade e sentimental, que costuma viver em Paris — não quer se desfazer do lugar de suas memórias: quando volta para casa depois de muitos anos, olha para as paredes e os tetos "com um amor cheio de ternura".

Mas a situação financeira da família é insustentável e eles precisam vender. A casa é comprada por um comerciante, neto e filho dos criados que haviam servido à família proprietária. Esse homem tem muito dinheiro e planeja dividir o terreno para construir casas de veraneio; para isso, as cerejeiras devem ser cortadas. A família pede gentilmente que ele não comece a derrubá-las até que partam. Na última cena, um lacaio de oitenta e sete anos, que representa a tradição imponente da casa, está deitado, imóvel. A família já havia partido: apenas os golpes do machado podem ser ouvidos no jardim enquanto as árvores são derrubadas.

Tragédia ou comédia? Tragédia para aqueles que veem uma Rússia aristocrática desaparecendo; comédia para aqueles que aplaudem o progresso e riem do sentimentalismo de uma classe que ainda está presa ao passado. *O jardim das cerejeiras* apresenta um problema universal: o anseio por um passado que a imaginação, muitas vezes, retrata como maravilhoso — e que, na realidade, não foi assim — e um presente que exige mudanças que nos afastam cada vez mais desse passado idealizado.

Há uma escultura de Bernini na Galleria Borghese, em Roma, que pode esclarecer o problema levantado em *O jardim das cerejeiras*. Ela retrata Eneias fugindo de Troia. Em seus ombros, ele carrega o pai, Anquise, que leva os penates — os deuses da família — e, por sua vez, conduz o filho Ascânio pela mão. É saudável confiar na tradição, com suas raízes, não para se estagnar, mas para transmitir sua riqueza ao futuro, adaptando-a aos tempos. Viver no presente, ter consciência de onde viemos e, a partir de nossas raízes, ir em direção ao futuro. O tradicionalismo absoluto e o progressismo ingênuo são doenças antropológicas que devemos evitar.

Viver no presente: é exatamente isso que falta na vida dos personagens de *Três irmãs*, a última peça de Tchekhov a ser comentada. As cenas se passam na casa dos filhos de um general falecido, em uma capital de província. São três irmãs — Olga, Irina e Macha — e um irmão, Andrei. A atmosfera espiritual criada pelos diálogos é de insatisfação: ninguém ali está feliz com o que faz, e quase todos os personagens depositam suas esperanças na mudança das circunstâncias e no futuro, sem tentar mudar o presente, que é a única realidade sobre a qual podem agir.

Um dos personagens, Verchinin, um coronel do exército, garante que "em duzentos ou trezentos anos, a vida neste mundo será maravilhosa, fantástica. As pessoas tendem a essa vida. Você dirá: mas essa vida não existe agora. É verdade! Temos que sonhar com ela, esperá-la, antecipá-la, acelerar os tempos. É por isso que as pessoas precisam saber e conhecer muito, muito mais do que nossos tios e avós".

Tuzenbach, um barão apaixonado por Irina, pensa de forma diferente.

> Depois de nós, as pessoas voarão em balões de ar quente; as jaquetas mudarão de tamanho; descobrirão um sexto sentido que terá um desenvolvimento inimaginável, mas a vida será sempre a mesma: esforço, mistério, felicidade. E depois de mil anos, as pessoas suspirarão: ah, como é difícil viver, mas elas terão medo da morte e se agarrarão desesperadamente à vida.

Verchinin acredita que a felicidade não é algo para nós: ela virá para os nossos netos, em um futuro melhor; Tuzenbach afirma que já é feliz e que há leis imutáveis na natureza que são eternas. Ainda que não entendamos por que os pássaros voam, eles continuarão voando. Macha intervém na conversa:

> Para mim, as pessoas devem ter fé ou buscá-la. Se não, a vida é vazia... viver e não saber por que as gruas voam, por que as crianças nascem, por que as estrelas existem... Ou você sabe por que vive, ou a vida é uma piada idiota.

O problema é que nenhum dos personagens principais sabe, em última análise, por que vive. Eles têm a imaginação no futuro: um bom emprego que satisfaça o desejo de deixar algo para a posteridade; ir para Moscou, onde tudo será melhor. Mas ninguém encara as circunstâncias à sua frente de forma realista. A vida comum lhes traz angústia:

> Sou uma desgraçada — diz Irina — ... não fui feita para trabalhar, não vou trabalhar mais. Chega, chega! Primeiro, o telégrafo, agora, a prefeitura, é tudo a mesma coisa! Odeio as coisas que me obrigam a fazer, desprezo-as... Já tenho vinte e três anos e, por causa do trabalho, meu cérebro secou. Aqui estou eu, magra, feia, velha, e nunca nada, nunca nenhuma recompensa. Quanto mais o tempo passa, mais a vida verdadeira, profunda e bela se afasta. Parece que estamos descendo cada vez mais para o abismo... Que desespero! Por que ainda estou viva, por que ainda não me matei? Não sei.

Andrei, o único irmão, é um fracassado. Ele se pergunta para onde foram seus projetos, suas ideias juvenis cheias de generosidade. Quando começamos a viver, depois dos sonhos da juventude — diz Andrei — todos nós nos tornamos cinzentos, ineptos, infelizes. Em sua cidade, fundada há duzentos anos, que abriga cem mil habitantes, não houve um único santo, cientista ou artista — ninguém que tenha despertado inveja ou o desejo de imitá-lo. Todos eles mergulharam na mediocridade. Seus concidadãos não fazem outra coisa a não ser

> [...] comer, beber, dormir e, finalmente, morrer... e trazer ao mundo outros que, por sua vez, comem, bebem, dormem e, para não cair no tédio, dedicam-se à fofoca, ao vinho, às cartas [...], as mulheres enganam seus maridos, que, mentindo, fazem crer que não sabem, e assim, nesse ritmo, a peste infecta as crianças, e o brilho da centelha divina que elas têm se apaga, e acabam se assemelhando a seus pais e suas mães, cadáveres ambulantes uns iguais aos outros.

Apesar dessa visão, Andrei tem uma fé tola no futuro:

> O presente é repugnante, mas o futuro, ah, o futuro é outra coisa! O horizonte é amplo, sereno, uma luz brilha ao longe, a vejo, vejo a liberdade, vejo minha libertação e a de meus filhos da ociosidade, do álcool, da batata com repolho, do cochilo da tarde, do parasitismo covarde....

Três irmãs termina de forma muito semelhante a *Tio Vânia*: é preciso continuar vivendo e talvez um dia, no futuro, saibamos o porquê.

Tchekhov é um mestre em refletir a respeito da insatisfação existencial de seus personagens. O que pretende transmitir nessa peça? Em uma carta que escreve a Maksim Górki, ele critica a tendência dos russos de confiar em um futuro indefinido:

> Estamos acostumados a esperar pelo bom tempo, pela boa colheita, pelo bom romance; esperamos enriquecer ou chegar a ser governador de uma província, mas não noto uma esperança nas pessoas: a de se tornarem inteligentes. Pensamos: com o novo tsar as coisas melhorarão, mas em duzentos ou trezentos anos serão ainda melhores, e ninguém se preocupa com o fato de que essa melhora começará amanhã. A vida se torna cada dia mais complicada e toma uma certa direção por conta própria, enquanto as pessoas estão se tornando idiotas num piscar de olhos, e cada vez mais pessoas estão vivendo à margem da vida. Como os pobres que coxeiam ao lado da procissão.[6]

---

6   Citado por Gerardo Guerrieri, "Introduzione a Chéjov, A.". *In*: Gerardo Guerrieri, *Tre sorelle*, Turim, Einaudi, 1991, p. 10.

Evidentemente, Tchekhov não compartilha da atitude acomodada de seus personagens que, esperando pelo futuro, não fazem nada para melhorar o presente. Mas talvez compartilhe da angústia desses personagens, que não encontram sentido em suas vidas ordinárias — mais uma razão para que nos esforcemos na busca por respostas para as perguntas feitas por Olga, Macha, Irina e Andrei.

A solução não está na fuga imaginária para um futuro que não sabemos por que deveria ser melhor, mas em descobrir o valor eterno das pequenas coisas do cotidiano. Para isso, é preciso ter uma visão transcendente da vida. O horizonte existencial limitado da maioria dos personagens dessa peça de Tchekhov destaca os sintomas da doença moral do século que estava apenas começando quando *Três irmãs* foi apresentada pela primeira vez no Teatro de Arte de Moscou, em janeiro de 1901.

Epílogo

"Para mim, as pessoas devem ter fé ou buscá-la. Se não, a vida é vazia... viver e não saber por que as gruas voam, por que as crianças nascem, por que as estrelas existem... Ou você sabe por que vive, ou a vida é uma piada idiota", diz Macha, uma das *Três irmãs* de Tchekhov.

Durante o século de ouro da literatura russa — o intenso século entre as primeiras obras de Púchkin e a morte de Tolstói — muitas perguntas foram feitas continuamente. Elas não giravam apenas em torno da identidade russa. Muitas vezes, na busca pela alma nacional, as perguntas se voltavam para problemas mais universais: qual é o sentido da vida? O que nos espera após a morte? Por que os inocentes sofrem? Como vivemos para ser felizes?

Fazer perguntas tão profundas já indica o mérito de uma cultura. Fornecer respostas é ainda mais meritório. As obras analisadas neste pequeno livro trataram de temas essenciais, ou seja, aqueles que abordam a realidade última da natureza humana. Alguns deles são: a necessidade de seguir a consciência correta (Púchkin); o significado da obra de arte, a dialética entre o universal e o local, a cultura do trabalho e a corrupção (Gógol); a igual dignidade dos seres humanos, o conflito de gerações (Turguêniev). Esses três autores nos preparam para os "pratos principais" da literatura russa: Dostoiévski e Tolstói.

As questões fundamentais sobre a existência humana recebem inúmeras respostas na multifacetada obra do autor de *Crime e castigo*: Kiríllov tem as suas próprias respostas, que divergem das de Aliócha ou do príncipe Míchkin. Para Dostoiévski, a alternativa é radical: ou se vive a vida em face de Deus, a ponto de se identificar com o Deus-homem, ou se tenta substituir Deus pela criatura humana, que se ergue prometeicamente, mas também inutilmente. A liberdade arbitrária acaba destruindo o ser humano e causando o caos social.

Tolstói também nos dá respostas convincentes: a vida só tem sentido se vivemos para os outros. Andrei Volkónski, Ivan Ilitch, Vassílii Andrèitch assim o compreenderam em seus últimos momentos. Em Tolstói, há outras respostas para o sentido da vida: a fé em um Deus que está próximo de nós, que tudo presencia, que enche a alma de paz e serenidade e nos permite contemplar a beleza da criação e da vida em um abandono filial e confiante na Providência. Foi isso que Pierre Bezúkhov aprendeu com o simples Platon Karatáiev.

O último dos autores estudados, Tchekhov, nos deixa um legado de centenas de imagens da vida cotidiana. Suas histórias às vezes nos fazem sorrir, às vezes nos enchem de tristeza, mas todas elas nos inspiram a pensar. Há um desejo de fé e esperança que o autor admirava, mas não tinha. Com ele, entramos no século XX: a esperança transcendente foi transformada em utopias sociais que cobriram de dor, opressão e ódio o outrora vasto império do tsar. Muitas pessoas que haviam perdido a fé a substituíram pela ideologia. Elas prometeram felicidade nesta terra, mas a transformaram em um vasto campo de concentração. Em um conto de 1892, *Enfermaria nº 6*, Tchekhov coloca nos lábios de Gromov, um louco que sofre de mania de perseguição, uma voz de esperança para o futuro russo:

> Sim, tempos melhores virão. Talvez o que eu esteja dizendo possa parecer ridículo, mas preste atenção: um dia melhor nascerá na Terra, no qual a verdade será vitoriosa, e os pobres, os humildes, os perseguidos, os desafortunados alcançarão a felicidade que merecem e que agora não têm. Talvez eu não esteja lá, mas isso pouco importa. Fico feliz em pensar que as gerações futuras serão felizes e dou-lhes as boas-vindas de coração: Sigam em frente, meus amigos! Deus os proteja, amigos desconhecidos do futuro distante!

Infelizmente, tempos melhores não chegaram: a Rússia caiu novamente nas atrocidades da guerra, do despotismo e da supressão das liberdades. Estamos agora no centésimo aniversário da Revolução Russa. Ao contemplarmos tanto sofrimento acumulado, só podemos nos ajoelhar, como Raskólnikov fez com Sônia em uma famosa cena de *Crime e castigo*. O assassino, ajoelhado diante da adolescente, beija seu pé enquanto diz a ela:

> Não me curvo diante de ti, mas diante de toda a dor humana.

Bibliografia citada

Berdiaev, Nikolai. *El espíritu de Dostoievsky*, Nuevo Inicio, Granada, 2008.

Berlin, Isaiah. *El erizo y la zorra*, Península, Barcelona, 2009.

Bloom, Harold. *Cómo leer y por qué*, Anagrama, Barcelona, 2007.

Chesterton, Gilbert Keith. *Dickens*, Ediciones Argentinas Cóndor, Buenos Aires, 1930.

Chudoba, Bohdan. *Rusia y el Oriente de Europa*. Rialp, Madri, 1980.

Figes, Orlando. *El baile de Natasha*, Edhasa, Barcelona, 2010.

Ghini, Gino. *Anime russe. Turgenev, Tolstoj, Dostoevskj. L'uomo nell'uomo*, Ares, Milão, 2015.

Guardino, Romano. *Il mondo religioso di Dostojevski*, Morcelliana, Brescia, 1951.

Guerrieri, Gerardo. *Introduzione a Chéjov, A. In*: Guerrieri, Gerard. *Tre sorelle*, Turim: Einaudi, 1991.

São João Paulo II. Mensagem à Assembleia Geral das Nações Unidas na celebração do 50º aniversário de sua fundação, Nova York, 5 de outubro de 1995.

Kierkegaard, Søren. *Aut-Aut*, Adelphi, Milão, 1989.

Lacasa, Amaya. "Introducción a Pushkin". *In*: Pushkin. A. S. *Narraciones completas*. Alba, Barcelona, 2003.

Lo Gatto, Ettore. *La literatura rusa moderna*. Losada, Buenos Aires, 1972.

Massie, Robert. *Pedro I el Grande*. Alianza, Madri, 1987.

Massie, Robert. *Nicolás y Alejandra: el amor y la muerte en la Rusia imperial*, Ediciones B, Barcelona, 2004.

Maurois, André. *Turgueniev*, Aguilar, Madri, 1931.

Mirskij, Dmitrij S. *Storia della letteratura russa*, Garzanti, Milão, 1965.

Nemirovsky, Irène. *La vida de Chéjov*, Noguer, Barcelona, 1991.

Pareyson, Luigi. *Dostoievski: filosofía, novela y experiencia religiosa*, Encuentro Madri, 2008.

Piovesana, Gino. *Storia del pensiero filosofico ruso*, Balsamo Paoline, Cinisello , 1992.

Ratzinger, Joseph; Pera, Marcello. *Senza radici*, Mondadori, Milão, 2000.

Ríos, António. *Lev Tolstoi. Su vida y su obra*, 2015.

Satta Boschian, Laura. *Ottocento russo: geni, diavoli e profeti*, Studium, Roma, 1996.

Spendel, Giovanna. "Introduzione a Turgenev", I. *Romanzi, O*, Mondadori, Milão, 1991.

Steiner, George. *Tolstoi o Dostoievski*, Siruela, Madri, 2002.

Tolstaja, Aleksandra Lvovna. *La vita con mio padre*, Roma, Castelvecchi, 2014.

Tolstói, Lev. *Correspondencia*, Acantillado, Barcelona, 2008.

Trótski, L. N. V. Gógol. *Vostóchnoe Obosrénie*, [s. l.], n. 43, 21 fev. 1902.

Troyat, H. *Dostoievsky*. Barcelona: Salvat, 1985. 2 v.

Turguêniev, Ivan. "Hamlet y don Quijote", *Nueva Revista*, Madri, n. 56, 1998.

Zweig, Stefan. *Tres maestros*, Juventud, Barcelona, 1987.

Direção geral
Renata Ferlin Sugai

Direção editorial
Hugo Langone

Produção editorial
Juliana Amato
Gabriela Haeitmann
Ronaldo Vasconcelos
Roberto Martins

Capa
Gabriela Haeitmann

Diagramação
Sérgio Ramalho

ESTE LIVRO ACABOU DE SE IMPRIMIR
A 29 DE ABRIL DE 2024,
EM PAPEL PÓLEN BOLD 70 g/m².